WIR EINMALIGEN

Oliver Errichiello
Arnd Zschiesche

WIR EINMALIGEN

2. Auflage 2011

© Eichborn AG, Frankfurt am Main, Oktober 2010
Umschlaggestaltung: Christina Hucke
Lektorat: Konstanze von der Pahlen
Ausstattung, Typografie: Susanne Reeh
Satz: Fotosatz Amann, Aichstetten
Druck und Bindung: Fuldaer Verlagsanstalt, Fulda
ISBN 978-3-8218-6526-3

Mix
Produktgruppe aus vorbildlich bewirtschafteten
Wäldern, kontrollierten Herkünften und
Recyclingholz oder -fasern
www.fsc.org Zert.-Nr. SCS-COC-001554
© 1996 Forest Stewardship Council

Eichborn Verlag, Kaiserstraße 66, 60329 Frankfurt am Main
Mehr Informationen zu Büchern und Hörbüchern aus dem Eichborn Verlag
finden Sie unter www.eichborn.de

»Euch ist es gegeben, das Geheimnis des Reiches Gottes zu wissen, denen aber draußen widerfährt es alles durch Gleichnisse.«

Die Bibel, Markus 4,11

INHALT

ENDLICH WIE ALLE SEIN

Wir sind einmalig. Wir sind nicht Teil der Masse. In uns liegt unerhörtes Potenzial. Das erkennen wir auf den ersten Blick. Wir müssen nur in den Spiegel sehen. Er ist das eigentliche Kommunikationsmedium unserer Zeit. Denn eigentlich sprechen wir nur noch mit unserem Spiegelbild – es steht uns am nächsten und weiß so verdammt viel!

Wir sind überzeugt, dass unsere Meinungen *unsere* Meinungen sind: Obama ist gut und Ahmadinedschad ist böse. Wir glauben, in Deutschland sind wir frei und in China sind alle unterdrückt. Gleichzeitig ist China ganz klar *die Zukunft,* der Hybridmotor *die Lösung* und Burn-out *die Gefahr.* Wir sind Alleskönner mit geistigem Allradantrieb, und deshalb sind die uns umgebenden Regionalstraßen des Alltags allzu engmütig. Unser Feld ist die Welt und die steht uns offen: Wir haben die Wahl zwischen 500 000 Accessoires beim Kauf eines Fiat 500. Wir verfügen über einen personalisierten Fitness-Plan im Sportstudio und können uns zwischen 6 000 Kaffeespezialitäten im lizenzierten Kaffeehaus an der Ecke entscheiden. Wir sind ganz der Bohemien aus Bargteheide, und ohne uns wäre die Welt ein Kaff!

Unsere wöchentliche Obstkiste direkt vom Erzeuger stellen wir nach persönlichem Belieben zusammen, den Taufspruch für Jacob und Jonathan ziehen wir aus unbekannten Makkabäer- und Paulusbriefen. Fade Statements von Politikern kennen wir zur Genüge, wir zwingen sie in den Chat und stellen gewiefte Investigativ-Fragen. Unsere Epoche verfügt über Zielgruppen-

Adressanbieter sowie Internet-Foren zum Thema »Letzter Ausweg: Amok. Reden Sie mit!«. Auch städtische Friedhöfe haben auf einmalige Neukundschaft reagiert: Individueller Grabschmuck wird trotz strenger Reglementierungen vielerorts möglich. Von der Wiege bis zur Bahre umgeben von Individualisierungsoptionen, können wir unsere Einmaligkeit und Exklusivität kultivieren – Aufklärung, Bildung und Marketing sei dreifaltig Dank.

Wir glauben, alles ist gut, weil wir selbst alles entscheiden und optimieren. Nie waren wir derart selbstbestimmt, selbstbewusst, selbstgesteuert, selbstgetrieben. »Ich will so bleiben, wie ich bin« war ein Werbeslogan für Diätprodukte. Heute ist es eine Geisteshaltung, die aus Prinzip nach vorne schaut, denn dort offenbart sich angeblich die Zukunft. Die Menschheit ist nach Reformation, Freiheitskriegen, Sklavenbefreiung und Personal Training beim finalen Ich angekommen. Endlich herrscht die Diktatur des Individuums vor dem Kollektiv.

Wir sind der festen Überzeugung, uns von gesellschaftlichen Regeln freigemacht zu haben – wir durchschauen alles und haben Ahnung wie niemand vor uns. Denn überall besteht die Möglichkeit, weiteres Wissen anzuhäufen: Im WLAN-Dschungel wird irgendeine Wikipedia-Girlande schon greifen. Jeder Raum ist angefüllt mit Bildung, Kommentaren und Meinungen, jedes Thema bereits besprochen. Eine Interpretation oder besser ein Abstract zum Gegenstand ist in wenigen Sekunden abrufbar. Zeit zum Lesen? Natürlich nicht. Dementsprechend werden Klassiker der Weltliteratur als *compressed knowledge* angeboten. Wissen als Frage von Speicherplatz und Prozessorkapazität. Weisheit als gestauchte ZIP-Datei. Folglich ist unser Wissen so echt wie tief: Günter Grass hat die Blechtrommel geschrieben. Richtig. Nur: Wer hat die Blechtrommel denn wirklich gelesen?

Unser kondensiertes Wissen über keltische Weisheiten, Reiki, Cool-Climate-Weine in Hot-Climate-Regionen, Hedgefonds, Topinambur, Stadtviertel von Buenos Aires (»In San Telmo tanzen die Leute Tango auf den Straßen! Einfach so! Mitten am Tag!«), Roaming-Gebühren und Photosynthese führt aber nicht mehr zu individueller Weisheit, sondern begünstigt eine eigenartige geistige Erstarrung. Fundamentale Orientierung geben irgendwann nur noch ein rauchender Altbundeskanzler oder ein argumentativ brennender Peter Scholl-Latour.

Dabei erscheinen wir auf den ersten Blick vollkommen »straight«, wenn wir im Treppenhaus (den Fahrstuhl missachten wir gezielt!) eloquent in Oxford English mit dem Niederlassungsleiter Birmingham über das beste Chicken Teriyaki in Osaka parlieren. Wir zeigen ununterbrochen, dass wir Sender und nicht Empfänger sind, unabhängig davon, ob es sich um Monologe über die Vorzüge eines Südbalkons, Stand-up-Paddling oder Uhren als Kapitalanlage handelt. Als Protagonisten sind wir Hyper-Aktivisten und Überzeugungstäter, die mit Vollgas nicht nur persönliche, sondern auch gesellschaftliche Meriten anhäufen wollen: Bis zum Bersten ambitioniert, befeuern wir Kunsthochschulkamine mit Mappen, fotografieren schwarz-weiß, bewandern die verkannte Hohe Tatra, züchten Pastinaken, lassen Lenkdrachen steigen und träumen nebenbei davon, einer uns unbekannten Person ewige Treue zu schwören. »Carpe diem«, sagen bereits achtjährige Großneffen erstaunlich überzeugend und machen klar, dass Selbstfindung und Selbstverwirklichung in unseren Zeiten nicht auf Freiwilligkeit beruhen.

In diesem selbstgetriebenen Daseins-Theater müssen alle Schauspieler sein. Zuschauer gibt es keine mehr. Typische Statusmeldungen bei XING lauten dementsprechend: »Dr. *Stefan Oldenburg* freut sich auf eine Woche voller Termine« und belegt, dass eine Promotion nichts mit geistiger Freiheit zu tun haben muss. Oder: »*Florian Bielefeld* bietet Ihnen 1a-Kontakte im Bereich Waschraumhygiene«, was belegt, dass Stolz ein eigenartiges psychologisches Konstrukt ist. Der Mensch hat sich emanzipiert. Unserer Generation ist es als Erster gelungen, ganz bei sich zu sein. Wir existieren losgelöst von Furcht und Selbstzweifeln. Zu diesem Zweck haben wir uns eine gesellschaftliche Gleichung ohne Unbekannte gebastelt:

gebildet + individuell = wir

Daraus folgt im Umkehrschluss:

alle anderen = Masse

Was aber, wenn wir zwar einmalig individuell denken und entscheiden dürfen, es aber gar nicht können? Wenn sich eine komplexe Konsumästhetik ausgebildet hat, der Mensch aber weiterhin über einen Wortschatz von 2 500 Wörtern verfügt und Currywurst mit Pommes die ewige Hitliste der beliebtesten Kantinenessen anführt? Wenn uns nicht mehr Unfreiheit einschränkt, sondern unbeschränkte Möglichkeiten lähmen? Wenn das freie Individuum nur kesser Mythos ist und der unendlich vielfältige Mensch einfach weiter an seinem Alltags-Möhrchen namens Geborgenheit nagt? Weil es ihm behagt. Weil er es kennt. Weil Gewohnheit das Wohnzimmer der Seele ist. Weil sich Technik und Tempo rasant verändert haben, der Mensch seine Idee von Glück und Zufriedenheit aber nicht. Weil der Mensch immer ein soziales Wesen war und sein wird – denn erst der Austausch mit anderen macht den Menschen zum Menschen.

Seit knapp 250 Jahren wird die Vorstellung vom »emanzipierten Individuum« in die Welt gepfeffert. Unter dem Begriff der Aufklärung hat man diese Bestrebung kulturphilosophisch zusammengefasst. Aufklärer wollten den Menschen von seiner angeborenen Rolle, aus seinem Stand befreien, seine Talente entwickeln und ihn so zum Menschen machen: »Ausgang des Menschen aus seiner selbst verschuldeten Unmündigkeit« nennt es Immanuel Kant. Wie so oft in der Geschichte verwandelt sich ein hehres ethisches Ideal innerhalb kürzester Zeit zu einem real-sozialen Albtraum. Ganz im Vertrauen: Die Aufklärung hat uns nicht befreit. Im Gegenteil, sie hat uns mit einer harten Keule aus Vernunft und Autonomie in Gleichklang, Verunsicherung und Debilität geklopft. Es wird zwar umfassende Individualität und freies Denken eingefordert und diese Idee selbst am Hindukusch verteidigt – doch als Reaktion auf den Autonomie-Anspruch flüchtet sich das überforderte Ich in ein Bollwerk gedanklicher Gleichheit. Eines muss klar sein: Individualität hat es nie gegeben. Sie ist lediglich ein beruhigendes Konstrukt, das uns das Leben in Erwartung des Todes ein wenig erträglicher machen soll – gerade in einer aufgeklärten Epoche, die weder Himmel noch Hölle kennt.

Warum also verabschieden wir uns nicht einfach von unserem Individualitätscredo? Weil das Eingeständnis, ein Wurz auf diesem Planeten zu sein, äußerst schmerzhaft ist. Der Individualitätsglaube ist der Treibstoff der Moderne. Er ist ein Stück Ewigkeit für Sterbliche. Er eröffnet immer neue Individualisierungsoptionen auf den Warenmärkten. Derartig ausgerüstet, verstehen wir uns als Subjekte, die ihr Leben eigenständig meistern. Die noble Vision vom einzigartigen Wirken, vom Spuren-Hinterlassen, ist in unserem Denken endlich Realität geworden. Wagen wir das Ungeheuerliche: Verwerfen wir den »Traum von Ewigkeit im Totenschädel« (Friedrich Schiller). Machen wir uns gedanklich frei vom schönen Individualitätswahn. In Wahrheit ist es nämlich ungeheuer beruhigend, Teil der Masse zu sein. Unsere Angst davor ist völlig unbegründet. Der französische Tausendsassa Alexis de Tocqueville findet sogar: »Mit der Masse nicht im Einklang sein heißt sozusagen nicht leben.«

So schräg es auch klingt: Individuelle Orientierung und Sicherheit sind nur mithilfe von Masse möglich; Masse bedeutet nicht Gruppenzwang, sondern Befreiung von dem Druck, vollkommen auf sich allein gestellt zu sein und jede mögliche Facette des Lebens als Erster erkunden zu müssen. Jede Masse ist eine Einladung zur freudigen Teilhabe an einem Sozialkörper, der mir neue Möglichkeiten zur Entfaltung bietet. Was Hunderte oder Tausende oder Millionen Menschen mit Begeisterung machen, muss nicht per se falsch oder schlecht sein. Der unabhängige Vernunftmensch existiert nicht, denn jeder Mensch benötigt Vorausurteile anderer, um überhaupt handlungsfähig zu werden. Ohne Vorwissen und Vorurteile können wir nicht einmal einen Joghurt im Supermarkt kaufen, weil wir nicht wüssten, ob Zyankali statt Erdbeere im Becher ist.

Daher ist es auch außerhalb von Fußballweltmeisterschaften zwingend sinnvoll, sich an der Masse zu orientieren. Die Identifikation mit vielen anderen gibt enorme Sicherheit und erlaubt es gleichzeitig, Dinge zu tun, die man sich alleine niemals trauen würde. Sigmund Freud vertrat dementsprechend die Meinung, dass der Mensch Bestandteil von vielen unterschiedlichen Massen ist, sich mit ihnen mehr oder weniger identifiziert und sein Ich-Ideal nach den jeweiligen Vorbildern zusammenbaut. Das Ergebnis dieses Prozesses wird sichtbar, wenn erwachsene Männer auf städtischen Grünflächen mit einem bauchengen Gattuso-Trikot die Kugel kicken (die lederne).

Dass es für den Menschen unbedingt notwendig ist, Teil der Masse zu sein und Vorbilder zu haben, weiß auch der Sozialpsychologe Erich Fromm. Vor vielen Jahrzehnten schrieb er, dass wir nur »denken [lernen], indem wir andere beobachten und von ihnen unterrichtet werden. Wir entwickeln unsere emotionalen, intellektuellen und künstlerischen Fähigkeiten dadurch, dass wir mit dem angehäuften Wissen und den von der Gesellschaft geschaffenen künstlerischen Leistungen in Berührung kommen.«

Entgegen der allgemein verbreiteten Wahrnehmung handelt es sich bei Masse also nicht zwangsläufig um eine lokale Ansammlung vieler unsympathischer, gewaltbereiter Menschen, die wie ferngelenkt (Un-)Taten verrichten. In der Soziologie gibt es zwei grundlegend verschiedene Formen von Masse. Die kritikunfähige, enthemmte Masse ist nur eine davon. Bekanntermaßen ist sie äußerst unerfreulich. Sie kann einen ganzen Kontinent in Schutt und Asche legen und macht deutlich, warum der Begriff oftmals nur mit spitzen Fingern angefasst wird.

Neben der unbeherrschten Masse existiert aber eine zweite Form, die für unser Alltagsleben deutlich wichtiger und prägender ist: die »selbstbeherrschte Masse«. Sie ist freiwillig entstanden, zeitlos und muss nicht an einem Ort versammelt sein – meist ist dies gar nicht möglich. Die Mitglieder der katholischen Kirche können sich niemals alle gleichzeitig an einem Ort treffen, genauso wenig wie die Anhänger einer Marke, einer Musikrichtung, einer Mode oder eines Fußballclubs. Diese Menschen sind über eine Idee sozial miteinander verbunden. Es wirken starke Anziehungskräfte und beeinflussen das Leben jedes Einzelnen. Ein solches Bündnis wirkt nicht zerstörerisch, sondern konstruktiv, oft beflügelt es Fantasie und Engagement der einzelnen Mitglieder. Solche Bündnisse kennzeichnet ein eigenwilliger Magnetismus, der aus der Gravitationstheorie bekannt ist: Masse zieht Masse an. Je mehr Menschen ihr Profil bei Facebook anlegen, desto mehr Menschen legen ihr Profil bei Facebook an. Jeder einzelne Anhänger einer Idee folgt dabei bestimmten Ge- und Verboten innerhalb seines Bündnisses, sodass unser Verhalten maßgeblich von ihnen gesteuert wird.

Der moderne Mensch ist in der arbeitsteiligen Welt der Moderne ständig Mitglied von unterschiedlichen sozialen Kreisen. Und das ist auch gut so! Am Abend in der Staatsoper als einzigartiger Othello-Darsteller von der Zuschauermasse gefeiert, kann die gleiche Person am nächsten Tag abgeschminkt und bleich vor Angst im Zahnarztsessel liegen. Der Star von gestern ist für den Zahnarzt nur eine Person aus seiner Patientenmasse. Am Abend beim Fußballspiel sind beide zwei anonyme Personen in der Fanmasse des Lokalvereins – egal ob alleine trauernd auf dem

Sofa, mit mehreren weinend in der Kneipe oder mit 4 000 Fans jaulend im Stadion. Ohne in einem Raum versammelt zu sein, können die Beteiligten alle typischen Masse-Merkmale zeigen: Enthusiasmus, gemeinsamer Einsatz für die Sache, Wut, Trauer, Freude – mit Millionen anderen geteilt.

Ob wir wollen oder nicht: Jede Sekunde unseres Seins sind wir Teil verschiedenster kultureller Massen, wir durchwandern sie bewusst und unbewusst, jedoch permanent. Es gibt keinen Menschen, der frei von Masse ist, ansonsten wäre er kein Mensch. Der französische Philosoph Alain Finkielkraut beschreibt diesen schmerzhaften Gedanken sehr eingängig: »So weit man in die Geschichte auch zurückgeht, wird nicht die Gesellschaft aus dem Menschen geboren, sondern dieser wird in eine bestimmte Gesellschaft hineingeboren. Von Anbeginn ist er gezwungen, sein Tun einzugliedern, so wie er sein Reden und Denken in einer Sprache ansiedelt, die sich ohne ihn entwickelt hat und die sich seiner Macht entzieht. Von Anbeginn: ob es nämlich um seine Nation oder um seine Sprache geht, der Mensch steigt in ein Spiel ein, bei dem es ihm nicht zusteht, die Regeln aufzustellen, sondern ihm gebührt, sie zu erlernen und einzuhalten.«

Allein aus der (mehr oder weniger) freien Kombination unterschiedlicher Ideen und Bündnisse entfaltet sich der Einzelne. Der Soziologe Alexander Deichsel bringt es auf den Punkt: »Vermassung ist Grundlage für jede Individuation.« Der Mensch wird durch die Vorgaben »seiner Massen« also nicht entmündigt, vielmehr findet er durch sie überhaupt erst eine Sprache. Johann Wolfgang von Goethe, der natürlich in jedem wichtigen deutschsprachigen Sachbuch zitiert werden muss, trieb diesen Gedanken auf die Spitze: »Wer Großes will, muss sich zusammenraffen; in der Beschränkung zeigt sich erst der Meister. Und das Gesetz nur kann uns Freiheit geben.«

Jede Gesellschaft hat gewisse kulturelle Spielregeln, Sitten und Gesetze, die wir im Laufe unserer sozialen Evolution verinnerlichen und denen wir irgendwann mit schlafwandlerischer Sicherheit folgen können. Neuropsychologen gehen davon aus, dass sogenannte kulturelle Imprints bereits im Alter von sieben Jahren feststehen. Ab diesem Zeitpunkt ist die grundlegende Sozialisation abgeschlossen. Die wichtigsten Normen und Regeln unserer Kultur sind gelernt. Dies kann in manchen Situationen als lästiger Zwang empfunden werden – Essen mit Messer und Gabel, Pünktlichkeit, saubere Fingernägel, bei Rot Auto anhalten, Weihnachtsgeschenke kaufen oder beide Großmütter nacheinander am Sonntag im Altersheim besuchen. Diese Regeln sind aber sozialer Kitt, der überlebenswichtig ist für den Zusammenhalt und das Funktionieren des Ganzen. Weil die Komplexität des modernen Alltags es nicht zulässt, dass wir alle Menschen, mit denen wir in Kontakt treten, persönlich kennen (welch unerträglicher Gedanke), macht erst die übergreifende Einhaltung gewisser Spielregeln ein halbwegs befriedigendes Miteinander möglich. Der Mensch wäre ohne kulturelle Normen und damit Verlässlichkeiten handlungsunfähig. Diese »Ökonomie der Wirklichkeitsverarbeitung« ist soziologisch betrachtet nichts anderes als eine gewaltige Vereinfachung. Mithilfe sozialer Normen werden Handlungen zuverlässig prognostizierbar. Durch ihre Existenz können wir vielen Aspekten der Welt ohne Weiteres vertrauen.

Vertrauen ist das entscheidende Merkmal aller funktionierenden sozialen Systeme, egal ob es eine Familie, eine Schule, ein Sportverein, ein Auto, eine Nation oder ein Arbeitgeber ist. Denn Vertrauen entsteht durch Vertrautes, also die Wiederholung bestimmter Eigenschaften und Merkmale über lange Zeiträume. Erst wenn diese gedankliche Sicherheit eingetreten ist, können Menschen planen: Es entsteht Zivilisation, es entsteht Gesellschaft, es entsteht Kultur. Das Leben wird plötzlich überschaubar ... und einfacher.

Warum nur, warum hat die Masse heute einen so schlechten Ruf?

Die massive Industrialisierung und die damit einhergehende Bildung städtischer Zentren im 19. Jahrhundert war eine von großen Kollektivgedanken geleitete Emanzipationsbewegung. In der zeitgenössischen Diskussion bildete sich ein eindeutiges Gegensatzpaar heraus: Masse und Elite – zwei klar getrennte wie unvereinbare Positionen.

Der spanische Elite-Soziologe und Philosoph José Ortega y Gasset nannte daher sein zentrales Werk von 1929 den »Aufstand der Massen«. In dieser Schrift bringt er sein Bedauern über einen sozialen Wandel zum Ausdruck, der auf den massiven Druck »von unten« zurückzuführen ist. Er beschreibt, wie die aristokratische Elite zunehmend den Massen weichen muss, die von unten unbarmherzig und gewaltsam in alle Refugien der Oberschicht eindringen und sie somit »vermasst«: »Die Masse vernichtet alles, was anders, was ausgezeichnet, persönlich, eigenbegabt und erlesen ist. Wer nicht ›wie alle‹ ist, wer nicht ›wie alle‹ denkt, läuft Gefahr, ausgeschaltet zu werden.«

Eine weitreichende gesellschaftliche Öffnung hatte stattgefunden: Das Individuum betrat die Bühne. Es besitzt vielfältige Möglichkeiten, sich selbst zu verwirklichen und in Bereiche vorzudringen, die ihm früher qua Geburt vollständig verwehrt waren.

Spätestens mit Ende des 20. Jahrhunderts sind weder der Golfclub noch das lokale Literaturcafé oder das ex(!)klusive Modehaus vor der sogenannten Öffentlichkeit sicher. Die westliche Welt ist heute weitgehend vermasst oder – positiv ausgedrückt – demokratisiert. Die Masse wird also selbst zur Elite – auch wenn das unzählige mehr oder minder elitäre Personenzirkel bestreiten und den Begriff für sich beanspruchen.

Die schnell zunehmende individuelle Freiheit und einen zunächst kontinuierlich wachsenden Wohlstand erlebte die mit

Florian Illies gleichnamigem Buch institutionalisierte »Generation Golf«: eine Generation, die sich in ihren 80er-Jugendjahren voll auf die persönlichkeitskonstituierende Entscheidung zwischen Boss-, Marc O'Polo- oder Lacoste-Shirt konzentrieren konnte. Gesellschaftliche Ungerechtigkeiten wurden von Horden junger, hockeyspielender Etienne-Aigner-Golffahrer nicht mehr als so stark oder einschränkend empfunden, dass es sich lohnen würde, dafür auf die Barrikaden zu steigen. Erst neun erfolglose Versuche eines Berufseinstiegs mittels 400-Euro-Praktikums später geht dieser Generation auf, dass doch nicht alles »supi« ist. Eine Generation Elite war geboren, die sich dank üppiger Apanage ihrer Eltern wechselnde Akademiker-Praktika und Mietwohnungen in Brüssel*, London und Barcelona leisten kann.

Die voranschreitende Verbreitung des Internets beschleunigt seit Mitte der 90er Jahre die sozialen Umlaufmöglichkeiten erneut. Zwar eröffnet die totale elektronische Durchdringung der Welt für Demokratiebewegungen in Diktaturen grandiose Möglichkeiten und schwächt Reiter- und Motorradmilizen – in wohlhabenden Demokratien führt sie jedoch zur Betrachtung von verwackelten Filmaufnahmen aus Teheran und zu Kenntnissen über das Birmanische Mönchswesen (»Liebe Freunde, aus Solidarität mit Aung San Suu Kyi heute Orange tragen!« – Warum ist der Typ nur zu ihr geschwommen?), zum Zusammenbruch des Musikwesens, zur Abschaffung des Telegramms und zur Steigerung ehelicher Untreue (www.seitensprung.de). Volks- und betriebswirtschaftlich belastete Manager sind dank Internet überzeugt, dass die Welt ein Dorf ist und es in der kulturellen Konsequenz egal ist, ob eine Firma in Kalkutta (liegt am Ganges), Hokkaido oder im Schwalm-Eder-Kreis sitzt.

* Für die sogenannte »Generation Praktikum« ist Brüssel der Kulminationspunkt – das »Woodstock« dieser Generation. Versierte Teilnehmer, hier kosmopolitisch als »Stagiaires«, »Trainees« und »Interns« bezeichnet, können innerhalb der Stadt über Jahre »Institutions-Hopping« betreiben – ohne Ortswechsel. Kostenlose Verpflegung dank allabendlicher Podiumsdiskussionen und Empfänge, ein Tauschgeschäft: Anwesenheit gegen Aperitif.

Für den Individualfetischismus im 21. Jahrhundert bietet die Technik neue, herausragende Möglichkeiten, eigene Einmaligkeit grenzübergreifend und detailreich darzustellen. Ist ein Van-Laack-Hemd nur für den geschulten Blick erkennbar (Drei-Loch-Knopf), kann jetzt via Internet auf den einschlägigen Plattformen von dem eigenen Faible für Van Laack, Van Morrison oder Van Halen bis zur Urkunde als zweitbester Prellballspieler des Abschlussjahrgangs 1992 alles dargestellt werden. Facebook, XING & Co. strotzen vor Einmaligkeit. Sie sind die elektronischen Tempel der Individualität. Unter Einbeziehung von Links, Urlaubsfotos, Filmsequenzen, eigenen Texten, Gedichten, Zitaten von Antoine de Saint-Exupéry und Videos wird das Ego per Multimedia-Collage bis zur Unkenntlichkeit ausgeschmückt. Hier herrscht mein ideales Ich und macht mir mit jedem Selbstaufruf deutlich, wie mein Leben sein könnte. Das Internet gibt jedem durchschnittlichen Narziss die Möglichkeit, sich selbst in allen Facetten zu spiegeln. Der eigene Name wird alle fünf Minuten gegoogelt. Zwanghaft kontrollieren wir, ob unsere Einträge noch da sind – also, ob *wir* noch da sind: Fremdbild definiert Eigenwahrnehmung. Alle können uns und unsere Einmaligkeit weltweit bewundern – rein theoretisch, denn die anderen spiegeln ja auch nur sich selbst. Begleitend können wir gesellschaftskritische Blogs initiieren, uns bei den Bewertungsportalen zu machtvollen Gastrokritikern aufspielen oder via Kurzfilmchen der Welt private Schminktipps auftuschen. Viele Menschen lösen sich irgendwie irgendwo irgendwann inmitten der Blogosphäre einfach in *tag clouds* auf.

Doch um den Zeitgeist besorgte Psychologen und Leitartikelschreiber dürfen ausatmen: Hier entstehen zwar unerreichbare Ich-Ideale zuhauf, doch außer den Autoren selbst interessiert sich niemand für sie. Der »Besucher meines Profils« übernimmt die Funktion, welche fürsorgliche Eltern an Rutschtürmen auf Spielplätzen haben: »Hallo Mama, siehst du mich?« – »Ja, die

Mama sieht dich.« In unserer Sandkiste gibt es genug linientreu geharkte Bahnen, die auf unsere einmalige Persönlichkeit warten:»Lege dein Profil an«, »Stelle dich vor«. So erschaffen wir uns permanent und werden zu Göttern im Ich-Staat.

Göttern ist es vorbehalten zu richten, deshalb fragt uns auch jeder ständig nach unserer wertvollen Meinung: Kein Hotel, kein Lebensmittelmulti, keine Kirchengemeinde und kein Toilettenhäuschen oder Management-Seminar, welches nicht auf unsere persönliche Bewertung und Verbesserungsvorschläge wartet. Unsere Meinung zählt so viel wie noch nie – als Durchschnittswert. Das tut dem Glauben an unsere Einmaligkeit aber keinen Abbruch.

Aus dem Individual-Tohuwabohu unserer Tage erwächst allerdings ein Problem: Wenn wir uns und unsere Individualität bis in alle Facetten darstellen können, ist dies zunächst eine angenehme neuzeitliche Möglichkeit, sich auszuleben und zu verwirklichen. Sobald aber alle Anwesenden sich und ihre Einmaligkeit zeitgleich nach außen tragen, ist nur noch pixeliges Individual-Rauschen existent. Die ehemalige Elite ist in ihrem Individualisierungswahn total gleichgeschaltet: Jeder von uns schreibt an einem Buch (fertig), jeder dreht einen Dokumentarfilm (in Arbeit), jeder verfolgt »spannende Projekte« (immer), jeder macht jetzt wieder Quittenmarmelade, jeder lernt doch noch mal E-Gitarre, jeder kauft dänisches Design der 60er und 70er Jahre. Jeder ist Leistungsträger, jede finanziell erfolgreiche Frau fährt Mini, jeder findet Australier sympathisch locker und Südafrikas Natur wahnsinnig schön: »Aber die Kriminalität dort ist schon ein echtes Problem!« Von einstigen individuellen Aussagen bleiben nur noch hohle Phrasen in der Alltags-Endlosschleife übrig. Dies ist die Kehrseite der über Jahrhunderte und gegen extreme Widerstände erarbeiteten Individualisierung: Sie hebelt sich selbst aus – über ihren eigenen Erfolg.

Wir enden großenteils als verwackelte Abziehbilder. Ohne

kollektive Vorgaben sind wir alle vollkommen verloren. Es ist unser bedingungslos verkrampftes Streben nach Einmaligkeit, das uns in die soziale Erstarrung führt. Dem kann abgeholfen werden.

Lassen Sie uns hinter die Sätze, Handlungen und Haltungen blicken, die wir alle täglich hören und sehen – aber natürlich nie selbst so getätigt oder eingenommen haben ... Über die Beobachtung alltäglicher Situationen sowie gesellschaftlich einbetonierter Abläufe wird auf den kommenden Seiten klar, wie unser Individualitäts- und Selbst(?)verwirklichungswahn ins Leere läuft und warum das Ich maßlos überschätzt ist. Wir besichtigen den Marmorflughafen Frankfurt, holistische Hannover- oder Köln-Messen und auch Sanifair-Toiletten mit Wellnessatmosphäre an deutschen Autobahnen: einmalige Orte für einmalige Menschen.

Warum wollen wir Einmaligen heiraten, über das Wochenende nach Barcelona fliegen und ein gewaltiges Auto fahren? Wegen der Liebe, unseres kulturellen Interesses und der Sorge um die familiäre Sicherheit? Wenn Sie daran glauben, lesen Sie nicht weiter. Wer nicht daran glaubt und beim 2-Tage-Städtetrip irgendwo auf Barcelonas La Rambla von ambivalenten Gefühlen erschüttert wird, der kann sich des angebotenen gesellschaftlichen Brennspiegels bedienen und anschließend zu dem Schluss kommen:

Das ist das Leben.

Nichts zu machen.

Oder etwa doch?

REISE ZUM MITTELPUNKT
DER ERDE: ICH

Die Erde ist eine Kugel. Die einzige geometrische Form, deren Oberfläche keinen Mittelpunkt besitzt: Von Hanoi bis Husum, überall können wir uns hinstellen und behaupten:»Das Zentrum der Welt ist genau hier, wo ich stehe« – und die Aussage ist richtig. So richtig wie alles, was wir kommunizieren. Wir entscheiden autonom, kommentieren Weltpolitik, diskutieren Fahrkartenpreise im öffentlichen Nahverkehr und ziehen bis vor den Europäischen Gerichtshof, wenn wir eine Kartoffelsorte mehr im Sortiment haben wollen. Wir tragen Antworten für alle kleinen und großen Fragen des Lebens in uns und haben der Welt daher unendlich viel zu geben. Eigentlich ist sie ausschließlich für uns gemacht. Wir sind»mündige« Bürger, Konsumenten, Liebhaber, Verbraucher, Freunde, Zeitungsleser, Fachkräfte für Sozialversicherungsfragen, Hundebesitzer, Webshopkunden und Eigentümer einer Zweieinhalb-Zimmer-Wohnung.

Wir können, wissen, glauben und machen alles und denken dabei konsequent global. Etwas wie uns hat es noch nie gegeben. Wir sind unverwechselbar. Wir sind das Leben. Wir gehen unseren eigenen Weg und nein, wir haben nichts zu bereuen. Erfahrungen sind schließlich nichts anderes als gelebte Fehler. Wir würden im Rückblick alles noch einmal genau so entscheiden.»Ich bin ich – das allein ist meine Schuld« ist nicht einfach eine Zeile in einem populären Liedchen, es ist Universalprogramm des Menschen im 21. Jahrhundert. Wir sind hier, um unseren eigenen Blockbuster zu drehen, und haben konsequenterweise dem Fähigsten die Hauptrolle zugeschanzt: uns selbst.

Der einmalige Mensch und seine ständig verfeinerte Selbst- und Fremdwahrnehmung haben soziale Folgen: Demoskopen beklagen, das freie Individuum sei sprunghaft geworden. Es weigere sich zunehmend, lebenslang SPD oder CDU zu wählen: »Hilfe, die Milieus lösen sich auf!« Wir Einmaligen lassen uns eben nicht einfach »ausrechnen«, wir sind in unseren Entscheidungen frei, und diese Freiheit nutzen wir exzessiv: Manchmal gehen wir einfach eine Woche Schneeschuhwandern in den Dolomiten, klatschen uns eine Maske mit Schlamm aus dem Toten Meer ins Gesicht, lesen einen Mankell oder gehen in die Maa®-Sauna. In 99 Prozent der Fälle erstreckt sich die Freiheit des Individuums auf individuelle Konsumentscheidungen (Maggi oder Knorr, BMW oder Audi), aber manchmal wenden wir uns auch dem Buddhismus zu, weil er uns nicht mit schwierigen Anforderungen belastet.

Diese Wahlfreiheit verdanken wir auch der weitgehenden Abwesenheit von direkter Gefahr für unser Leben und unseren Leib – der im besten Falle so aussieht, als ob wir jeder Gefahr trotzen könnten (individuellen Fitnessplänen sei Dank!). Im Unterschied zu anderen Gegenden der Erde müssen wir in unserem Landstrich nicht hinter jeder Ecke mit Gewalt oder staatlicher Willkür rechnen, eine grandiose zivilisatorische Errungenschaft. Heute ist wöchentliche Pediküre so selbstverständlich wie tägliches Zähneputzen von rot nach weiß oder ein leckerer Pumpkin* flavoured Soy Milk** Iced Chai Tea*** Latte to go.

Einerseits sind wir frei in der Gestaltung unseres ambitionierten Lebenslaufes, andererseits von

* Kürbisfleisch wirkt antioxidativ und hilft, den Cholesterinspiegel zu senken. Die heilsame Wirkung von Kürbiskernen bei Prostatavergrößerung ist wissenschaftlich belegt.
** Wegen der selbst diagnostizierten Laktose-Intoleranz: »Mein Bauch fühlt sich nach Milch immer so aufgebläht an« (meiner auch, wenn ich literweise Milch getrunken habe).
*** »Black tea has some of the most powerful antioxidants that science knows. Both tea and chai can help prevent cancer, lower cholesterol, and lower blood pressure, and can delay symptoms of Alzheimer's disease« (aus: www.KidsAndKaboodle.com./ Online Resource for Parents).

genau dieser Freiheit gefangen und in stillen Momenten auch mal sehr allein. Dann fühlen wir uns kurzzeitig weit entfernt davon, der Mittelpunkt der Erde zu sein. Wie wir dort aber dank Outdoor-Bekleidung, Flugtickets oder des Schreibens eines Kinderbuches schnell wieder hinkommen und aus dieser destruktiven Stimmung errettet werden, zeigen wir jetzt.

Damit Sie sich innerhalb der zahlreichen Selbstverwirklichungs- und Konsumstufen aber zunächst einmal persönlich einordnen können, starten wir mit einem Selbsttest zum Mitmachen! Wie weit sind Sie und Ihr soziales Umfeld im Bereich Selbstverwirklichung bisher gekommen? Oder: Wie einmalig sind Sie? Hier wird Ihnen geholfen.

Zum Abhaken: Selbstverwirklichung als Kür- und Pflichtprogramm

Der ominöse Zeitgeist fördert die freiheitliche Entwicklung und Auslebung unserer Bedürfnisse. Die Gesellschaft verteilt keine klassischen sozialen Zwangsjacken mehr (Jura, Beruf, Ehe, Kind, Prokura, 2. Kind), dafür aber eine individuelle und nicht minder anstrengende Verpflichtung zur Ich-Verwirklichung. Dass sich die geistigen Wellen, die zwischen hippen Altbauwohnungen und Lofts in Hamburg, Berlin, Frankfurt, Köln/Bonn, Freiburg, Wien und München hin- und her schwingen, kaum voneinander unterscheiden, zeigt der folgende Selbsttest. Wer die meisten Kreuzchen macht, hat gewonnen.

Eine typisch einmalige Selbstverwirklichungsabfolge (bitte ankreuzen!):

☐ Studium inkl. alkoholisierte Selbstfindung*
  (1. Semester: Haschkekse backen)
☐ Auslandsstudium inkl. exzessiver Selbstfin-

* Auch ein abgebrochenes Studium ist perfekt für Selbstfindung: »Da habe ich nach neun Semestern gemerkt: ich brauche diese ganze Studier-Nummer echt nicht! Ich will lieber im echten Leben was bewegen!«

dung (Drogenkonsum als klassischer Beleg für vorhandenen Intellekt und/oder intensiv-einmaliges Leben auf der Überholspur)

☐ Praktika-Hopping inkl. exzessiver Selbstfindung mit Marihuana-Nahtod-Erfahrung

☐ Beruf-Hopping inkl. Selbstfindung (egal wie: bei jedem Arbeitgeber zwei Jahre durchhalten)

☐ Diverse Auslandsstationen inkl. Selbstfindung, unter anderem durch Atemkontrolle mit Gasmaske*

☐ Hochzeit inkl. vorgespielter Selbstfindung durch angetäuschte innere Einkehr

☐ Erstes Kind, für den Mann inkl. beruflicher und außerehelicher Selbstfindung, für die Frau inkl. Stress und Jobverlust (oder Rückstufung auf null)

☐ Trennung vom Partner inkl. forcierter Selbstfindung durch 3. oder 4. Pubertät

☐ usw.

Auf der Konsumseite werden die unendlichen Ich-Stufen durch exzessiven Ankauf von auffälligen Kostümen, Frisuren, Haarfarben, Ratgeberliteratur, radkappengroßen Brillen und Konzertbesuchen im Ausland begleitet. Das sind die Ursuppenzutaten des Individualismus.

Anhand folgender Typen können Sie selbst herausfinden, in welcher Phase der Selbstverwirklichung Sie sich gerade befinden:

3 Phasen: Männliche Außendarstellung

Oberkörper:

Weißes Hemd, teure Krawatte: Ich weiß genau, was ich will, und starte jetzt beruflich voll durch.

Teures blaues Hemd/1 Knopf geöffnet: Brauche heute keine Krawatte mehr, um meine Kompetenz zu beweisen, ich habe es beruflich zu etwas gebracht. Ich bin gut.

Sehr teures schwarzes Hemd/3 Knöpfe geöffnet: Ich bin der bzw. das Größte meiner Branche.

Gesicht:

Glattrasiert: Ich weiß genau, was ich will, und starte jetzt beruflich voll durch.

Dreitagebart (perfekt getrimmt): Ich lasse mir nichts mehr vormachen, ich bin ein freier Mann, weiß, was ich will, und das zeige ich.

Dreitagebart (echt): Ich bin echt fertig.

Vollbart (perfekt getrimmt): Ich habe meine Erfahrungen gemacht. Ich muss absolut niemandem, mehr etwas beweisen, bin jetzt endlich bei mir selbst angekommen.

Vollbart (echt): A: Ich bin Professor. B: Ich bin echt vollkommen fertig.

3 Phasen: Weibliche Außendarstellung*

Unterkörper (ganz unten):

No-Name-Stiefel, Absatz zwischen 2 bis 6 cm, meist schwarz: Ich versuche mitzuhalten, weiß aber selbst noch überhaupt nicht, mit wem, warum oder womit genau. (Steigt anschließend in ihren dunkelblauen Golf oder silbernen Nissan Micra.)

Status: seriell monogam, dabei seriell unglücklich

Sündhaft teure Stiefel, Farbe beliebig (außer braun), flacher Absatz, sehr langer Schaft: Ich bin voll dabei, liebe mein aktuelles Leben, habe einiges erlebt, bin aber eigentlich immer noch auf der Suche nach mir selbst. (Steigt anschließend in ihren Pasodoblo-roten Fiat 500) Status: abwechselnd Single und/oder »Es ist kompliziert« (Facebook)

Sündhaft teure braune Stiefel, flacher Absatz, extrem langer Schaft: A: Ich verdiene meine eigenes Geld, ich bin unabhängig, aufregend, eine sexy Frau mit Vergangenheit und Zukunft, ich weiß, was ich will, und das zeige ich auch.

* In Zusammenarbeit mit Deike Krause, Bonn.

Status: Wenn sie mit dem Selbstbewusstsein einen Mann findet, dann irgendwann verheiratet (ohne viel Gedöns)

B: Mein Medizinstudium habe ich vor zwei Jahren beendet, jetzt kümmere ich mich um Ada.

Mein Mann verdient gut – es ist unser Deal, dass ich jetzt erstmal zu Hause bleibe und er zuerst seinen Facharzt macht.

Status: verheiratet

(Steigen beide anschließend in ihre grünen Mini Cooper, A macht das Dach auf, B hat kein Cabriomodell wegen Ada).

Gesicht (ganz oben):

Offene Haare (außerhalb des Schlafzimmers): Ich kann mir offene Haare leisten, es sieht gut aus, ich bin ein freier Mensch und habe es zu etwas gebracht. Brauche nichts zu verstecken.

Offene Haare (innerhalb des Schlafzimmers): Ich zeig dir gleich, wo es lang geht.

Strenger Zopf:

A: Ich fühle mich einfach jung, ich kann es mir leisten und ich liebe auch das kleine Mädchen, das immer noch in mir steckt.

B: Ich bin Julia Timoschenko.

Wuscheliger Zopf (mit zerzaustem Hinterkopf, der aber perfekt gestylt ist): Das kann ich mir leisten, ich sehe besser aus als viele andere – sorry, aber ist halt so ...

Kurzhaarfrisur (symmetrisch):

A: Ich schere (!) mich nicht so um mein Aussehen, es muss vor allem praktisch sein, außerdem hat es so etwas Niedlich-Lausbubenhaftes, das mag ich gerne – passt einfach zu mir!

B: Die Haare waren nur im Weg. Für mich zählt jetzt nur Jaron.

Kurzhaarfrisur (asymmetrisch): Ich bin Lehrerin, politisch links und kaufe mir gleich noch eine große Bernstein-Brosche für meine malvenfarbene Strickweste.

Survivaltechnik für die Metropolregion: Barfuß oder Wolfskin

Nicht nur die richtige Frisur zum richtigen Zeitpunkt ist für uns extrem wichtig, auch ohne die richtige Profi-Outdoor-Ausrüstung unternimmt kein Einmaliger einen unbedarften freizeitlichen Schritt. Die Megathemen Freizeit und Freiheit sind belegt mit diversen Anforderungen, auch an das Equipment. Daher verlangt es uns nach möglichst authentischen Hemingway-Utensilien und allerlei Survival-Klimbim. Denn irgendwie müssen wir unsere unbändige Abenteuerlust konkretisieren. Voll beladen und mit GPS ausgerüstet, enteilen wir der Großstadt. Trotz Hemd und Kragen im Büro sind wir doch alle im Herzen hemdsärmelige Naturburschen. Die richtige Ausrüstung beweist das: Unsere Jacke kann die Eiger-Nordwand bezwingen, die Uhr verträgt einen Sturz aus 1000 Metern Höhe und zeigt dabei noch fallende (!) Temperaturen bis −273 Grad Celsius an. Der einmalige Mensch erfriert zwar früher, nutzt aber zuvor alle Hightech-Accessoires, um seinen individuellen Abenteurergeist zu untermalen. Er möchte vielleicht gar nicht den Nanga Parbat umrunden, aber er könnte ...

Die Nordseite eines Berges ist traditionell für den Bergsteiger am härtesten zu überwinden. Der Markenname North Face spielt auf diese Besonderheit an. Unter dem Namen vertreibt eine US-Firma sogenannte Outdoor-Bekleidung für höhenaffine Extremsportler. Zwar wird der Mount Everest inzwischen von Touristenmassen überstiegen (Reinhold Messner ärgert sich regelmäßig über die Müllberge), doch dies allein kann den massenhaften Erfolg von Marken wie North Face, Salewa oder Jack Wolfskin nicht erklären. In den Geschäften − nein, es sind Erlebniswelten − des Expeditionsexperten Globetrotter rennen sich urbane Erfolgsmenschen jeden Samstag die Hacken wund.

Um die Schutzkleidung zu testen, legen sie sich zum Frieren in eine Kältekammer und erleben später in der Regenkammer tropische Wolkenergüsse. Alle derart getesteten Schlafsäcke, Zelte und Jacken werden sofort gekauft, sie haben sich unter extremsten Umständen bewährt. Damit besitzen sie die Versicherung, dass sie auch im tiefsten Urwald Borneos dank europäischer Standards überleben könnten. Beim Bezahlen schweift dann der Blick ins Formicarium (ein gläserner Verkaufstresen zur Beobachtung von Ameisen und zur Ablenkung von der finanziellen Schlucht, in die man gerade ungesichert stürzt). In der Reiseklinik im Untergeschoss kann der potentielle Weltenbummler sich von Tropenärzten alles einimpfen lassen oder mit ihnen über Malaria quartana fachsimpeln. Was ist passiert mit dem Individuum in seiner Funktionswäsche?

Selbst im modernen Menschen schlummern ungeahnte Sehnsüchte nach Freiheit und Abenteuer. Tag für Tag sitzen wir eingeklemmt in Großstadtbüros und müssen uns zusammenreißen. Selbst Nasebohren ist in der westlichen Welt nicht wirklich sozial akzeptiert (außer im Auto). Schon den frühen sozialkritischen Autoren von Karl Marx bis Sigmund Freud war klar, dass die moderne Industrie-Gesellschaft krank macht. Irgendwann wollen wir aus der geborgenen Büro-Wirklichkeit zwischen Primel, Oster-Deko und Videokonferenz ausbrechen und wieder unseren Urtrieben folgen. Wenigstens in unserer Freizeit soll uns die Gesellschaft keine Verhaltensweisen aufzwingen, die sich nicht mit unseren angeborenen Instinkten vereinbaren lassen. Davon war schon der naturnahe Aufklärer Jean-Jacques Rousseau überzeugt. Unser täglicher Triebstau muss also ein sozial akzeptiertes Ventil finden. Bierselige Grillfeste sind meist nur für den männlichen Bauch ein guter Ansatz. Sie reichen im Zeitalter des Elektrogrills (ohne Kohle und somit ohne kanzerogene Folgen) fürs Cowboysein nicht mehr aus. Unser Tarzan-und-Jane-Traum (mit uns mittendrin) soll endlich wahr werden, damit wir Einmaligen unsere Persönlichkeit um die Zurück-zur-Natur-Facette bereichern können.

Um den persönlichen und gesellschaftlichen Abenteuer-drang innerhalb der Großstadtkäfige auszuleben, müssen Ersatz- und Übersprungshandlungen gefunden werden. Kambodscha, Vietnam und Laos sind weit, also stürzen wir uns nach dem Kauf des Lonely-Planet-Reiseführers erst mal in den Klettertunnel der Globetrotter-Filiale Köln. Auf diese Weise können wir das Gefühl von grenzenloser Freiheit auch zwischen Altbauvierteln und engen Reihenhaussiedlungen zum Leben erwecken. Eine schnelle und kostengünstige Ersatzhandlung ist übrigens auch das ex-zessive Barfußlaufen oder das dreitägige Nicht-Rasieren. Aus diesem Grund sind Menschen in der Werbung übrigens so oft sauber barfuß und/oder perfekt unrasiert abgebildet (Punkt 2 gilt meist nur für Männer). Nacktschlafen zählt auch – nur ist Frauen selbst im künstlichen Äquatorialklima ihres Schlaf-zimmers von den Füßen aufwärts immer kalt. Aber glücklicher-weise haben wir ja zuvor bei Globetrotter den Klimaschlafsack für extreme Temperaturen gekauft.

Unsere neue Allwetter-Ausrüstung führt uns also seltener in die Abflug-, sondern meist nur in die nächste Boulderhalle. Die überdachte Form des Sportkletterns erlaubt leidenschaft-liches Kraxeln mit unterschiedlichen Schwierigkeitsstufen. Statt eines Bernhardiners mit Trinkfässchen erwartet den Abstürzen-den hier eine Schaumstoffmatte. Selbstverständlich wird der Vorgang von den besten Freunden gefilmt und der einmalige Streifen anschließend, mit lustigen Tags versehen, ins Internet gestellt.

Durch den bequem bargeldlosen Kauf von Produkten, die extremsten Anforderungen standhalten, leben wir für einen Moment am Limit – zumindest in der trotzigen Theorie. Wir müssen dazu nicht wie Rüdiger Nehberg lebende Vogelspinnen fressen, sondern können kultiviert gefriergetrocknete Astronauten-Nahrung speisen. Die bewegt sich mit Sicherheit nicht mehr. Dieser Eskapismus bleibt nicht folgenlos, der boomende Ausrüstungsmarkt zieht viele Industrien mit sich ins Extrem (siehe auch »Das SUV«). Doch trotz perfekten Equipments: Auch eine Polar-Uhr hat noch keinen Jogger an den Polarkreis gebeamt …

Natürlich gibt es auch echte Abenteurer unter uns. Für diese gilt folgender wichtige Hinweis: Wenn auch Sie Ihre Reiseziele aus der aktuellen Liste von Reisewarnungen des Auswärtigen Amts rekrutieren, können wir Ihnen zumindest für Teile der arabischen Halbinsel Entwarnung geben. Wenn Sie in der V. R. Jemen entführt werden, kommt Herr Chrobog* und verhandelt Sie da raus – und der Mann weiß, worüber er verhandelt. Als Bonus gibt es mehr als nur Meldungen von Gundula Gause: Die erste Rückführung nach Deutschland muss der Tourist nicht selbst bezahlen. Falls diese Information nicht stimmt, kann die mediale Vermarktung via Interviews und Bücher einen Teil Ihrer Kosten decken. Achten Sie auf jeden Fall darauf, dass Sie beim Beckmann-Interview nicht die Steuerzahler gegen sich aufbringen: Demut zeigen! Ihre Einmaligkeit wird bei guter PR-Begleitung auch langfristig extrem gesteigert (Buch, Film, Beratertätigkeit), aber vor sozialen Bindungen gibt es jetzt keine Rettung mehr – außer sie verreisen ganz weit weg, z. B. nach Mauretanien. Mehr Hinweise zu Reisewarnungen unter www.auswaertiges-amt.de.

Bei allem Freiheitsdrang darf der Nachhaltigkeitsgedanke natürlich nicht fehlen, denn wer, wenn nicht jeder Einzelne von uns, soll die Welt retten? Spätestens seit 1992 denkt das bürgerlich verschulte Ich beim Stichwort »Rio« nicht mehr an hübsche Bikini-Mädchen, Copacabana und mörderische Bandenkriege, sondern an Klimaschutz, Agenda 21 und Apokalypse nach monumentaler Roland-Emmerich-Art. Seit Rio sind wir uns gewahr, dass *jetzt* CO_2** ein-

* Der »Ben Wisch« der 2000er Jahre.
** Nicht zu verwechseln mit dem gleichnamigen Discopark in Karlsruhe.

gespart werden muss und Al Gore ein guter Mann ist. Abends in der Lounge unseres Vertrauens diskutieren wir dementsprechend engagiert, dass einige Zahlen und Behauptungen in seinem Film »Eine unbequeme Wahrheit« dramatisch frisiert worden sind – dick bebrillte indische Klimaforscher haben es im Fernsehen bestätigt. Aber dies ändert aus unserer Sicht überhaupt nichts an Al Gores Gesamtleistung für den Klimaschutz. Am apfelgrünen Surfbrett-Tisch herrscht absolute Einigkeit in Wort und Vision: Der ethische Vernunftkorridor ist abgesteckt, das Leben spielt in derselben Einparkbucht. Denn für uns Einmalige lautet die Devise nicht »Global denken, lokal handeln«, sondern »Global träumen, im Lokal handeln«.

Viele Menschen streben also zwar nach Auslebung ihres persönlichen Potentials; weit führt unser Aktionismus allerdings oft nicht. Das »Abenteuer Jugend« ist bei den meisten nämlich spätestens mit studentischem Interrail-Erlebnis oder Round-the-World-Flugticket (inklusive Bungee-Jumping bei AJ Hackett in Queenstown/Neuseeland) abgegolten.

Der sich – im Optimalfall – direkt anschließende berufliche Alltag führt schnell zu einem Gefühl von allgemeiner Ermattung, zumindest bei denen, die nicht im Protokoll des Deutschen Bundestages tätig sind. Der Schrei nach Ferne wird leiser und die Thrombosegefahr auf Langstreckenflügen ist auf keinen Fall zu unterschätzen. Irgendwann läuft es auf Club Med(ium) hinaus.

Auch mit dem Eintritt ins Eheleben samt Zeugung des ersten Kindes lässt die Abenteuerlust deutlich nach. Dann geht eine offizielle Paar-Presseerklärung an die Freunde: »Heute zählen für uns einfach ganz andere Dinge, unsere Prioritäten haben sich komplett verschoben. Klar, es gibt Momente, da fehlt Ludwig und mir diese Freiheit, die viele Zeit, das ganze Reisen schon sehr, doch wir möchten im Moment der Amelie so lange Flüge einfach noch nicht zumuten. Außerdem: Wenn sie uns morgens anlacht, dann entschädigt das einfach für alles, für jede durchwachte Nacht. (Ehrlich gesagt, sie schläft immer noch bei uns im Bett.) Es klingt jetzt vielleicht total blöd, aber das kann einfach niemand nachvollziehen, der selbst keine Kinder hat.«

In Wirklichkeit sehnen wir uns nämlich auch nach Geborgenheit und Lebensversicherung. Es muss nicht immer das große Abenteuer sein. Beide Wünsche gehen in der Realität häufig Hand in Hand und schließen sich keinesfalls aus. Im Gegenteil, es existiert eine große Schnittmenge: Der Mensch ist sowohl ein experimentierfreudiges als auch ein sicherheitsbedürftiges Wesen. Einerseits möchten wir Jack-Wolfskin-Abenteurer sein (früher Jack London oder Jack Kerouac), andererseits apathisch unsere Rive-Gauche-Couch belegen, um von dort aus die naturnahe Auflösung unseres Flachbildschirms zu bestaunen. Bei einem Seitenblick auf die große, geschnitzte Holzgiraffe in der Essecke fällt uns ein, wie unerträglich heiß es vor vier Jahren in Kenia war. Das Essen war auch nicht so richtig »unser Ding« – und erst der Durchfall danach: »Aber auf der Safari waren die Timberland-Stiefel superpraktisch, der Tropenhelm stand mir auch ganz gut. Na ja ...« Während über die ganze Breite des Bildschirms tapsige Gazellenbabys wackeln, freuen wir uns irgendwie doch, dass unsere Steuererklärung dank neuer Software komplett am Computer durchgeführt werden kann.

Wo Meilen noch Freiheit bedeuten: Das Lufthansa Weekend-Special

Nachdem die Steuererklärung fertig ist, wenden wir uns am Computer der domestizierten Variante von Abenteuer zu: Beim Kurztrip mit dem Lufthansa Weekend-Special müssen wir nicht einmal auf unser Lieblingsmüsli verzichten, und es besteht keine Gefahr, Tiere in freier Wildbahn zu erschrecken.

Um unserer Abenteuerlust wenigstens für kurze Zeit zu frönen und die neue Digitalkamera auszutesten, brechen wir Wochenende für Wochenende zum Kurztrip in Europas Kulturhauptstädte auf, die so einmalig sind wie wir selbst. Von Freitag bis Sonntag können wir uns endlich mal frei und ungebunden fühlen (der mitgereiste Partner stört diese Vorstellung nicht). Ob London, Prag oder wildes Galizien: moderne Infrastruktur und brutales Preisdumping machen es möglich. Am Arbeitsplatz scannen wir täglich fünf Stunden die neuesten Angebote, am Freitagabend befinden wir uns schon bei Don Pedro in Cascais, wo wir versuchen, von den winzigen Tapas satt zu werden – einmalig lecker. Und dann noch der Bacalhau!

In diesem Vielfliegerkokon ist Geld prinzipiell vorhanden*, nur Zeit ist aus Prinzip knapp. Das Lufthansa Weekend-Special ist der perfekte Parcours für den Beweis, dass im eigenen Körper noch Restleber vorhanden ist. Hier geht es weder in den Dschungel noch in die Eifel, hier geht es mit dem aktuellen Libido-Fixierobjekt (meist ein Ehepartner oder eine andere beliebige Person) fast direkt auf den Eiffelturm oder auf zwei Segways einmal rund herum. Anschließend wird in einer kleinen Pension auf dem Montmartre das Eiderdaunen-Duvet so lange von unserer Vitalität erschüttert, bis alle Beteiligten das Savoir-vivre ganz intensiv gespürt haben und sicher sind:»Ich war einmalig.« Der Sinn und Zweck des Weekend-Specials ist erfüllt. Rückflug am Sonntagabend 21:15 Uhr, Terminal 1. Unbedingt eine Stunde vor Abflug da sein – wegen der umfangreichen Sicherheitsvorkehrungen am»Charles de Gaulle«.

Wer einmalig ist, hat nichts zu verschenken, erst recht keine Minute der kargen Freizeit.»Ausruhen kann ich mich, wenn ich tot bin« oder»Work hard, play hard« ist das Motto der Consultants aller weltweit entscheidenden Beratungsunternehmen (erkennbar durch ein Minimum von zwei Anglizismen im Markennamen). Sie überset-

* Wenn nicht, muss der Schein durch extreme Frühbuchung gewahrt bleiben, z. B. mit Ryan Air für 1 Euro – dann aber ohne Gepäck.

zen damit die ausgediente Sentenz »Wer feiern kann, der kann auch arbeiten« in die kalte anglophile Business-Neuzeit. Doch selbst profanes Feiern findet im 21. Jahrhundert nicht mehr statt. Auch beim Spielen und in der Freizeit wird zu mehr Härte animiert. Einmalig erfolgreiche Businessleute kommen heute – egal ob Mann oder Frau – prinzipiell vom Mars. Sie sind bei Arbeit, Sport und Spiel nicht nur extrem agil, sondern ebenso tough (wie auch Abschnitt 2 zeigen wird). »Play hard« beinhaltet, dass ich nach einer routiniert abgespulten 65-Stunden-Woche »asap« (as soon as possible) für 48 Stunden gen Davos fliege, um dort mit 220 km/h schwarze Pisten hinunterzujagen. Nachts in der Hütte brüllen wir alle gemeinsam »Ein Stern, der deinen Namen trägt« und verspüren eine diffuse innere Rührung, weil unser Leben sich in diesem Moment so intensiv und einmalig anfühlt wie von einem anderen Stern, der in riesigen Lettern nur unseren eigenen Namen in die Welt strahlt: Bernd Neumann.

Ungezwungenheit ist bei jeder hochfliegenden Art der Lebensführung die Pflicht und nicht die Kür. Eine solche An-sammlung einmaliger Meilensammler definiert sich wie jede soziale Gruppe über bestimmte Denk-, Wahrnehmungs- und Verhaltensmuster, die die Soziologen Habitus nennen. Einer davon, der Franzose Pierre Bourdieu, erläutert, dass ungezwun-genem Verhalten deshalb so breite Anerkennung entgegen-gebracht wird, weil es die sichtbarste Bestätigung darstellt, dass man es zu etwas gebracht hat. Zwänge sind doch nur was für »einfache Leute«. Wir haben uns längst davon befreit. Schaut mal, sagen wir im Hüttenzauber, wir trauen uns, vollkommen ungehemmt und zwanglos zu sein, denn niemand steht wirklich über uns und kann uns in die Schranken weisen.

Auch ein solches Verhalten will gelernt sein: Soziale Klassen unterscheiden sich eben nicht allein durch ihre wirtschaftliche Situation voneinander, sondern durch ein System von mehr oder weniger unbewussten Handlungsmustern, die wir oft schon mit der Muttermilch aufsaugen. Dieses System ist mit einem kollektiven Gedächtnis vergleichbar, ein geteiltes Vor-Wissen. Es ist das »Man tut dies« oder »Man tut dies nicht« einer sozialen Gruppe. Soziologisch ist von Memen die Rede, memorisierten Erfahrungen, die sich sozial weitervererben – analog zu den menschlichen Genen. Als Teil einer Familie von Landwirten lernt ein junger Mensch andere Normalitäten kennen als am Königshof in Kopenhagen. In Köln herrschen andere Sitten als in Kigali (außerhalb des Stadtteils Kalk). Der Habitus ist gelebte historische Erfahrung eines Kollektivs in Bezug auf seine Selbstverständlichkeiten einerseits und die Wahrnehmung der anderen Gruppen andererseits. Er ist unser Speed zum Einmaligsein …

Zum Habitus gehört ganz entscheidend auch die Sprache, und so ist das klimatisierte 24-Stunden-Jetset-Leben erst durch die gezielt beiläufige Verwendung englischer Wörter für In- wie Outsider erfahrbar (oder von Fantasiewörtern, die wie Englisch klingen). Die Vielflieger-Sprachbarriere ersetzt zur Not den MCD (Mobile Class Divider, also den mobilen Trennvorhang, der in Flugzeugen die Economy-Spreu vom Business-Weizen trennt). Aus diesem Grund gibt es keine Wochenend-Spezialangebote, sondern nur Weekend-Specials. Passend dazu trägt der energetische Entscheidungsträger seinen BOSS-Weekender aus geprägtem Kalbsleder mit Extrafächern für bis zu sieben Platin-Kreditkarten. Dann schwingt er sich für den kurzen »Hüpfer« ins engmaschige Flugnetz über dem christlichen Abendland: »Diese wahnsinnige Dichte an Kultur in Europa finde ich absolut einmalig. Ganz im Ernst, ich glaube, ich könnte niemals für immer in den USA leben – nicht einmal in San Fran.«

Dank Stadtmarketing und der Erfindung des Wettbewerbs (?) »Kulturhauptstadt Europas« sind Metropolen ein ganzjähriges Pflichtprogramm für kapitale Weltenbummler. Ob im »Venedig des Nordens«* (das

* Funktioniert auch mit »Perle«, z. B. »Perle der Donau«. Besonders gut einsetzbar für kleinere Städte: Perle der Ostsee, Perle der Uckermark …

37

kann wahlweise Amsterdam, Brügge, Berlin, Hamburg, Kopenhagen, St. Petersburg oder Stockholm sein) oder im »Venedig des Ostens« (Breslau, Budapest, Dresden*, St. Petersburg oder Suzhou und Bangkok; hier empfiehlt es sich, mit einem Brücken-Tag zu planen): 53 meilenträchtige Wochenenden pro Jahr wollen gefüllt werden – so lange, bis ein Schreihals in Sicht ist.

Einzig, um den Reise-Individualismus und den Treibhauseffekt zu befeuern, haben die Fluggesellschaften das Meilensammeln erfunden: Wenn wir das zehnte Mal innerhalb von sechs Werktagen beruflich nach Frankfurt »shuttlen« mussten, dann ist einmal »Frühling auf der Akropolis« in KW 13 schon drin. Mehr als alle Meilen zählt der Bonus, der es mir nach absolviertem Kurztrip ermöglicht, meine kommunikative Kompetenz zu vertiefen: Wochenendtrips bilden ein Gesprächspausen füllendes Hobby für alle, die sich und ihren Mitmenschen noch nie etwas Substantielles mitzuteilen hatten. Jetzt kann mit Klimax argumentiert werden, z. B.: »Die Lufthansa ist auch nicht mehr das, was sie mal war. Am LH-Schalter in Rom konnte natürlich niemand Englisch, geschweige denn Deutsch! Die wollten doch nur wieder Kosten einsparen.« Ja, »die« haben wohl die Outsourcing-Vorschläge ihrer Unternehmensberater besonders konsequent umgesetzt.

Gut, dass wir uns wenigstens darüber noch echauffieren können. Denn echte existentielle Herausforderungen gibt es in unserem einmalig modernen Leben kaum noch. Die innere Erlebnis-Leere muss irgendwie ausgeglichen werden. Wenn fremde Kulturen keine akute Gefahr für Leib und Leben mehr darstellen, konzentriere ich mich darauf, mein Leben und vor allem meinen Leib mit ihnen anzureichern. Und so sitzen wir an einem Freitagabend in der frühsommerlich-milden Abendwitterung Bilbaos (»kulinarische Trendregion«) im Café »Iruna« und löffeln Paella Valenciana, weil das Authentizität verspricht. »Und morgen ins Guggenheim«(-Museum).

* Auch Elbflorenz – Italien
geht immer.

Niemand muss mehr über sieben Brücken gehen, neun Klicks helfen weiter: Saisonale Events und sorgfältig evaluierte Marktforschung stellen sicher, dass für jeden ein faszinierendes »Must« auf der Individual-Reiseagenda existiert. In irgendeinem Venedig ist immer Karneval, und eine von unzähligen Clusteranalysen clustert auch uns. Wenn alle »normalen« Ziele ausgebucht sind, geht es mit »Air Astana« ab ins wilde Kasachstan in die »Stadt der Apfelbäume« (Almaty).

Reisen ist in Zeiten des getriebenen Einmaligseins ein anerkannter Weg, um der rauen sozialen Wirklichkeit zu entfliehen und sich dem einmaligen Selbst und der Freiheit des Individuums zumindest versuchsweise anzunähern. War es traditionell die Stille des Waldes, der Birnenbaum im Havelland oder die Mühle am rauschenden Bach, so ist das Angebotsspektrum für die globalisierte Ich-Suche* dank Lufthansa, Flugmeilen und den »Kulturhauptstädten Europas« grenzenlos. Dem Einmaligen reicht der Gang mit Waldi in den Wald nicht mehr, ein Flug kommt dem zeitgeistigem Wunsch nach Effizienz und Grenzüberschreitung deutlich stärker entgegen – laufen Sie mal in zehn Stunden von Weinheim nach Machu Picchu.

Doch eigentlich kann unsere innere Wüste mithilfe der Europa Weekend-Specials nur beträpfelt werden. Zurück vom kurzweiligen Kurztrip, sind wir zwar erfüllt (oder erschlagen) von neuen Eindrücken. Doch die halten meist nur bis zum nächsten Wochenende. Dann geben wir uns erneut der Illusion hin, dass wir frei sind und ungebunden; doch unsere innere Leere lässt sich damit nicht langfristig (ab)füllen. Der Kurztrip führt uns ein Strukturproblem unserer einmaligen, aber beschleunigten Zeit vor: Es ist wunderbar, dass wir dank modernster Technik innerhalb weniger Stunden viele Orte sehen können. Aber auch der Erfolg der Ingenieure hat Schattenseiten: Wie sollen wir uns innerhalb von 48 Stunden wirklich auf etwas Fremdartiges einlassen oder

* Von psychologisch Vorgebildeten auch als »Ich-Flucht« bezeichnet: Bezeichnet ein und denselben Vorgang.

außerhalb der Trattoria irgendetwas von italienischer Kultur mitbekommen? Das kurze Reisen hat dank Eventmarketings einen Eventcharakter bekommen. Das ist an sich nicht schlimm, nur bleibt ein Event – egal wie beeindruckend es ist – immer ein Event. Übliche Zutaten im Marketing-Mix sind: Information, Emotion, Aktion und Motivation. Stierlauf in Pamplona, aber durchgeplant und durchgestylt wie ein Besuch im Heidepark Soltau. Es fehlt hier wie da ein Stück Authentizität, und das lässt unser Unterbewusstsein manchmal unbefriedigt zurück. Glücklicherweise passiert auch auf den kürzesten Kurztrips meistens etwas vollkommen Unerwartetes:»Schwuler Flugbegleiter war lustig« oder »Berg war ganz schön hoch«. Von derart authentischen Eindrücken können wir Jahrzehnte zehren.

Soziales Engagement meets Selbstverwirklichung: Kinderbücher schreiben

Authentizität ist ein wichtiges wie konstantes Thema im Leben von uns Einmaligen. Ständig sind wir beim Ausloten unserer wahren Wünsche und ihrer Umsetzung. Neben dem exzessiven Fliegen gibt es eine Reihe von Projekten, die wir im Laufe unseres intensiven Daseins »abhaken« möchten, damit unser Ich erblühen kann. Oscar Wilde bringt es für alle Einmaligen auf den Punkt:»Ziel des Lebens ist Selbstverwirklichung. Das eigene Wesen völlig zur Entfaltung zu bringen, das ist unsere Bestimmung.« Der Mann wusste, wovon er sprach: Der arme Ire musste im prüden viktorianischen England viel Prügel beziehen und wanderte als direkte Folge seiner sexuellen Selbstverwirklichung zunächst von der dandyesken Schlossallee direkt in den kafkaesken Steinbruch (mit einer Kugel am Bein).

Selbstverwirklichung ist kein Zuckerschlecken, auch nicht im aufgeklärten Europa des 21. Jahrhunderts. Weil wir uns aber nicht nur in nepalesischen Klöstern die Knie wund schrubben oder in indischen Aschrams die Knie wund vögeln möchten, sondern aufgrund umfassender akademischer Bildung den Blick auf das große Ganze besitzen, reicht uns all das Putzen und Fliegen nicht. Selbst wenn unsere Begierdepunkte an den Ohren gerade großflächig mit Sesamkörnern bepflastert sind und wir soeben einen schönen redaktionellen Artikel für das Magazin von Omas Seniorenresidenz fertiggestellt haben: Wir wollen mehr. Dieses »Mehr in uns« (oder poetisch: »Meer in uns«) kann nur befriedigt werden, indem wir der Welt Gutes tun. Einen ernsthaften Beitrag leisten. Etwas Bleibendes schaffen. Eine Angelegenheit, die weit über uns Erdkrümel hinausgeht. Die MISEREOR-Projektpartnerschaft ist vorhanden, die SOS-Kinderpatenschaft auch (beides steuerlich absetzbar), alle IKEA-Möbel mit Pinsel bunt individualisiert, der Elternbeiratsvorsitz bereits vergeben – was bleibt übrig?

Ein Kinderbuch. Das ist die Lösung. Wir beglücken das globale Dorf mit einer Schöpfung unserer einmaligen Fantasie. Bücher gelten ja als Produkte mit einem ungewöhnlich langen Lebenszyklus und in dieser Logik als Persilschein für Einmaligkeit. Das entspricht zwar im Zeitalter von Print on Demand nicht mehr der Realität, aber das stört unseren Glauben daran nicht. Der Traum lebt: Wir möchten alle anderen Elternpaare und ihre privaten Hervorbringungen (tägliche Rundmail mit unzähligen verklecksten Brei-Bildern) mit einem wunderschönen, wertigen Kinderbuch beglücken.

Angenehm beim Schreiben eines Kinderbuchs ist in erster Linie die Tatsache, dass es maximal fünf pixikurze Sätze benötigt, unter Umständen noch zwei gestanzte Gucklöcher im Buchdeckel. Die Rechtschreibprüfung übernimmt ohnehin der Computer, die Poesie der Thesaurus, da bleibt noch genug Zeit für unser Hormon-Yoga und die DELFI-Gruppe. Für psychologisch-kompetente Elternratgeber, dickbäuchige Historienschinken oder eine Biografie des Käfersammlers Ernst Jünger müsste schon deutlich mehr Text, Recherche und Wissen herangekarrt werden. Zudem kann ein gut gestaltetes Kinderbuch als Harry-Potter-Nachwehe unter All-Age-Literatur laufen.

Der deutsche »Schwimmfisch« Franzi von Almsick hat es als medial gefeierte Autorin der Kinderbuchgeschichten von Paul Plantschnase vorgemacht: Ihr sportpädagogisches Sendungsbewusstsein führt dazu, dass sämtliche Schwimmbecken sich bis zum Rand mit lärmenden Kindern auffüllen, die ohne Entenschwimmer-Abzeichen keinen Tag länger existieren möchten.

Logischerweise wollen auch wir, als maßgeblich beteiligtes Mitglied der Siegermannschaft bei den Prellballmeisterschaften der schleswig-holsteinischen Gymnasien in Wentorf-Sandesneben, ein kunterbuntes Buch produzieren, indem wir unsere so einmaligen wie wertvollen Lebenserfahrungen kreativ verarbeiten. Entscheidend für das Kinderbuch sind die Zeichnungen, und da kennt der angehende Autor selbstverständlich jemanden: »Ich hab da eine Freundin, die würde die Zeichnungen machen. Die ist total gut, arbeitet sonst frei in der Agentur, hat aber gerade Lola bekommen. Würde sich total freuen, wenn sie mal wieder was machen kann!«

Und schon ist es da: unser Projekt. Projekte sind für uns Einmalige das Wichtigste überhaupt. Das Leben ist eine Abfolge von »wichtigen Projekten«, die alle auf einer nebulösen »persönlichen Agenda« stehen. Projekte haben in der westlichen Welt den Begriff Arbeit abgelöst, denn Projekte sind so wie wir: nicht bindungsfähig. Sie schweben im Raum. Es geht in den seltensten Fällen um ihre tatsächliche Umsetzung*, Projekte werden in erster Linie »angedacht«. Würde nur ein Zehntel aller Projektideen umgesetzt werden, gäbe

* Für den Stadtteil Frankfurt-Rödelheim gilt dies nicht, denn für diesen Ort legten die Rapper Migidi Moses P. und Digidi Thomas H. vom Rödelheim Hartreim Projekt (!) fest: »Wenn es nicht hart ist, ist es nicht das Projekt.«

es in Europa keinen einzigen Arbeitslosen und außerdem täglich eine Million Buchneuerscheinungen (aktuell ca. 250).

Berlin ist eine Stadt, in der ganze Stadtteile allein aus spannenden Projekten bestehen, alles schwebt und vibriert hier, alles ist so wahnsinnig inspirierend, jeder Pflasterstein schreit: »Lass uns etwas machen! Wir müssen unbedingt zusammen was auf die Beine stellen!« Auch deshalb liegt die Arbeitslosenquote im Bezirk Friedrichshain-Kreuzberg bei über 20 %.

Das Kinderbuch ist ein so schönes wie harmloses Projekt. Es gleicht einem Traum, der uns in unsere eigene Kindheit zurückführt, in der wir klein und glücklich am Esstisch der Eltern saßen und Mamas Königsberger Klopse in uns hineinstopften. Derart wohlig besetzte Erinnerungsfetzen spielen in einer kalten Umwelt voller Egoshooter eine überlebenswichtige Rolle, ob im Elternhaus oder in der mit unzähligen Kerzen eingerüsteten Wohnung. Die Kerzen geben uns burghafte Sicherheit, einigelnde Gemütlichkeit und machen den Rückzug auf das Innere fühlbar. Auch das wöchentliche Streichen der Wohnung wird mantrisch durchgeführt, vergleichbar dem allabendlichen Zähneputzen inklusive souveränem Durchzug von Zahnseide. Beim Streichen und Klecksen und Wischen in fleckig-zerfetzten Uraltklamotten können wir endlich wieder Kind sein. Auf dem Spielplatz nebenan würden wir auf dem Klettergerüst nur unnötig auffallen. Obwohl: Manche Lehrkörper setzen sich einen Teletubbi-Filzhut auf, um noch während der Fahrt auf dem Liegerad ihr kindliches Sendungsbewusstsein zu verdeutlichen.

All diese rückwärtsgewandten Seelenrettungswesten sind Symptome des innigen Wunsches, ewig Kind zu sein und Bonding bis in den Sarg zu erleben. Die raue, kalte Welt draußen lässt nur einen logischen Schluss zu: Heim ins Heim. Der Traum von Pestalozzi-Unschuld hilft, dem gesellschaftlichen Tagesparkett zu entfliehen und uns unserer Highlander-Kindheit zu versichern: So wie Dorian Gray, der Hauptdarsteller in Oscar Wildes gleichnamigem Roman, sein Porträt statt seiner selbst altern lässt, so lassen wir nur unser gesellschaftlich kompatibles Abbild graue Schläfen und grauen Star bekommen.

Wer in der westlichen Berufswelt sein Multitasking-Leben erdulden muss und den Tag als Abhaken unsinniger Anforderungen empfindet, spürt irgendwann nur noch leere Ohnmacht. Das ist der Punkt, an dem wir uns nach inniger Geborgenheit sehnen, die es so höchstens in der Gebärmutter gegeben hat. In solchen Momenten fühlen wir, dass wir ganz allein auf einem riesigen Planeten durch das unendliche Universum rasen. Unser Leben ein emsiges Ameisendasein im wuselnden Ameisenhaufen. Dieses Wissen, welches manchmal wie ein blinkender Schnorchel aus den E-Mail-Nachrichten auftaucht, nennt Simmel den Punkt der »tiefsten Individuation«: Wir sind vollkommen auf uns allein gestellt. Das macht uns Angst – und um sie zu überwinden, wünschen wir uns neben dem Eintrag im Katalog der Deutschen Nationalbibliothek eine einzige echte Bindung (trotz Personalverantwortung im Job). Und so sabbert unser wahres Ich in die wärmende Linus-Kuscheldecke, während es auf dem fatboy®-Sitzsack vor sich hin fläzt. Es stellt sich die alles entscheidende Frage: Wen werde ich wohl alles in meiner Widmung erwähnen? Vor allem: Danke, Mama!

Mit Allradantrieb gegen psychische Untiefen: Das SUV

Obwohl unsere Eltern also alles getan haben, damit es ihren Kindern besser geht, bemerken wir manchmal, dass es uns gar nicht gut geht. Komische Fragen martern das Hirn, Zweifel am Lebenslauf, am aktuellen Lebenspartner, ja, eventuell sogar am eigenen Ich. Bin ich wirklich einmalig und – global betrachtet – unersetzbar?

Angesichts solch monumentaler Fragestellungen wünschen wir uns manchmal zurück an Muttis Rockzipfel. Da dies in der Realität nicht funktioniert, hat die Autoindustrie Wege gefunden, das Gefühl absoluter Sicherheit künstlich zu erzeugen. Seit Volvo keine motorisierten Stahlschränke mehr produziert, befriedigen andere Hersteller diese menschlichen Sehnsüchte.

Sie wissen, dass jeder einmalige Autokäufer sich manchmal existentielle Fragen stellt, und haben mit viel Blech, Hightech und Wurzelholz-Verblendungen reagiert: Verschanzt hinter den Armaturen unseres riesigen Autos kommt ein wohliges Gefühl von Geborgenheit, Stärke und Wärme auf. Hier kontrollieren wir das Leben, nicht das Leben uns. Durch manuelle Zuschaltung des Allradantriebs geht es ganz schnell wieder bergauf – auch mit der Seele.

Wenn es um eigene Einmaligkeit geht, dann ist neben absoluter Kontrolle das Streben nach (All-)Macht für viele ein entscheidendes Schlagwort – auch wenn wir selbst es nicht so benennen oder uns eingestehen möchten: Insgeheim möchten wir allen anderen überlegen sein, möglichst überall. Es besteht der innige Wunsch, souverän jede Situation im Leben zu bewältigen und Dinge nach eigenem Gusto, aus ureigener Kraft heraus maßgeblich zu beeinflussen. In demokratisierten Gesellschaften ist dies nicht einmal Staatslenkern vergönnt.

Zum Glück hat die flexible Industrie Wege gefunden und erfindet täglich Neues, um derartige Kaiser-Nero-Ambitionen dennoch zu befriedigen. Das Sports Utility Vehicle, kurz SUV (zu Deutsch: Sportnutzfahrzeug), ist ein buchstäblich herausragendes Beispiel für die erfolgreiche Ausnutzung tiefenpsychologischer Ängste. Dank menschlicher Schwächen wird seit Ende der 90er Jahre eine US-amerikanische Idee in Europa vermarktet und von deutschen Herstellern zur stählernen Oberklasse-Perfektion geschweißt, um die Welt nach 1945 mit neuer Größe zu beglücken. Auch sonst hat sich nicht viel geändert: Der Osten ist für die hiesige Exportindustrie nach wie vor ein attraktives Ziel und der russische Winter längst kein Hindernis mehr. Auto-experten und Sozialwissenschaftler sind sich einig, dass die Deutschen nach dem Zweiten Weltkrieg unmittelbar mit dem Panzerbau fortfuhren – man ließ einfach die Kanone vorne weg. Die gepanzerte Mercedes-Karosse – seit Hitler das Nonplusultra für Diktatoren aller Kontinente – fährt und fährt und fährt ...

Aus soziologischer Sicht ist die verdeckte Beobachtung von SUV-Fahrern gleichzusetzen mit der Beobachtung von Menschen, die unter psychosozial oder seelisch bedingten Störungen (Neu-rosen) leiden. Gut für den Forscher, unangenehm für die Betrof-fenen ist, dass sich das SUV-Krankheitsbild wegen der schieren Größe der Fahrzeuge und der häufigen Tankstopps schlecht verbergen lässt. So verbrauchen einige der schwersten SUVs bis zu 18 Liter auf 100 km. Da sich die SUV-Fahrer fast ausschließlich in Städten aufhalten (und an Feiertagen gerne Kampen oder Kitzbühel verstopfen), ist dies ein ernsthaftes Innenstadtproblem.

Zusätzlich sind die SUVs laut ADAC-Studie potentielle Tö-tungsmaschinen für Fußgänger, da sie im Verkehr eine fahrende chinesische Mauer darstellen und die von ihr getroffenen Körper nicht abrollen können: Die mehr als 2,5 Tonnen schweren Fahr-zeuge müssen wegen ihres Gewichts in Europa keine Fuß-gängerschutzprüfung über sich ergehen lassen – sie gelten als LKWs. Kleiner Tipp für SUV-Nutzer, die noch mehr Fleisch sehen wollen: Massive Frontbügel steigern den Aufspießeffekt.

Das von Besitzern oft genutzte Argument, man wolle mit dem Kauf für die Sicherheit seiner Familie im Straßenverkehr sorgen, hört sich gut an. Die Wahrung körperlicher Unversehrtheit hat aber einen hohen Preis: Dazu reicht es, die blasierten Köpfchen der herauslugenden Kinder zu beobachten. Kein Zweifel: Hier wachsen Arschlöcher heran. Solche Kinder wehren sich im Not-fall mit der Warnung: »Nimm dich in Acht, mein Vater trägt die Rolex Yacht-Master II!«

Das individuelle Streben nach Macht und das Bedürfnis nach Selbsterhöhung sind ein Motor für die Dynamik sozialer Beziehungen und sozialer Systeme. Die Soziologin und Psychologin Alice Miller spricht in ihrem Buch über »Das Drama des begabten Kindes« vom »grandiosen Menschen«, der abhängig ist von der Bewunderung durch andere. Er ist süchtig nach Anerkennung. Bleibt die Bewunderung aus, dann ist der Zusammenbruch, die schwere Depression für diese Menschen unvermeidlich – weil sich ihr individuelles Selbstwertgefühl allein durch den Besitz bestimmter Qualitäten bzw. Leistungen speist (funktionstüchtiges SUV beim Mann, jugendliche Schönheit bei der Frau).

In einer solchen Abhängigkeitssituation können die betroffenen Personen niemals frei sein, denn die Grandiosität muss jeden Tag am Laufen gehalten werden und erfordert völlige Hingabe. Die der Störung zugrunde liegende Verwechslung von Bewunderung mit Liebe wird durch den Einsatz eines SUV besonders prägnant vorgeführt. Alle normalwüchsigen Menschen müssen zwangsläufig zum Fahrer aufschauen, wenn er in 20 Meter Höhe auf seinem motorisierten Burgturm durch enge Gassen gondelt und nach einem geeigneten Parkplatz sucht. Der französische Philosoph und Citroën-DS-Fan Roland Barthes beschreibt das Auto als neuzeitliches Äquivalent der großen gotischen Kathedralen und als gewaltige Schöpfung der Epoche. Seine viel zitierten Worte bekommen durch Schöpfungen wie den Q7 von Audi eine neue Betonung: Groß ist diese Schöpfung eindeutig.

Weil die neuzeitliche Kathedrale auf Rädern zu einem mobilen Bunker geworden ist, kann der folgende Satz des französischen Autopioniers André Citroën nur noch als hoffnungslos gestriges Bonmot gelten: »Das Automobil soll ein Instrument sein, das die Völker in aller Welt dazu bringt, einander kennen und schätzen zu lernen.« Heute gibt außerhalb von Jugendfreizeit, Erwachsenenbildung oder Wissenschafts-Zirkeln (nur Geisteswissenschaftler) kein berufstätiger Mensch ernsthaft vor, noch irgendjemanden ernsthaft kennen oder gar schätzen lernen zu wollen. Von Völkern ganz zu schweigen. Denn trotz des Größenwahns wollen wir absolute Ruhe in unserem beruflichen Kerker – und noch mehr in unserem Auto. Warum auch nicht? Wir wissen und kennen alles – warum sollen wir uns von der Außenwelt irgendwelche Dinge erzählen lassen? Das deutsche Auto kommt diesen Wünschen traditionell am besten entgegen. Es suggeriert dem Fahrzeugführer in erster Linie Schutz und hermetische Abgeschlossenheit vor der Außenwelt: Vom satten Ploppen der meterdicken Türen über die Phalanx ausgeklügelter Sicherheitssysteme bis hin zur gedämpften Nachtflug-Ambiente-Beleuchtung. Perfekte German Gemütlichkeit!

Der britisch-griechisch-zypriotische Sänger George Michael hat die Vorzüge von riesigen Autos in einer Strophe seiner Hit-single »Fastlove« von 1996 massengängig zusammengefasst: Er verdrängt die eigene Verlorenheit in der Welt mit der Sicherheit und Geborgenheit innerhalb seines Fahrzeugs, in diesem Fall eines BMW. Dazu wünscht er sich eine schnelle, oberflächliche Sexgeschichte, die möglichst in seinem Auto stattfinden soll:

> *»In the absence of security*
> *made my way into the night*
> *Stupid Cupid keeps on calling me*
> *But I see nothing in his eyes*
> *I miss my baby, oh yeah*
> *I miss my baby tonight*
> So why don't we make a little room
> In my BMW babe
> Searching for some peace of mind
> *Hey, I'll help you find it*
> *I do believe that we are practicing the same religion«*
> (Fastlove, George Michael)

George Michael sucht neben schneller Liebe nach innerem Frieden und Anerkennung – allerdings bewusst, ohne dafür irgendwelche Bindungen oder Verpflichtungen einzugehen. Ergo: George Michael ist ein Einmaliger. Die Vermutung, dass hier alle Beteiligten die gleiche »Religion« praktizieren oder inszenieren, ist naheliegend. Die in dem Song angedeutete nächtlich-einsame Autofahrt ist für den einmaligen Mann extrem wichtig: Sie ist die einzige Möglichkeit für Innerlichkeit, Zeit, über sich nachzudenken – ohne sich gleich als »Softbirne« zu fühlen. Spätestens nach Barthes hat die Kathedrale als traditioneller Ort der Kontemplation ausgedient. Ein Auto ist deutlich effizienter und damit zeitgemäß.

Die enge Freundschaft zu unserem Gefährt steht auf einer Ebene mit unserem Plüschtier daheim. Genau deswegen funktioniert diese Partnerschaft, wir wollen einen Zuhörer, der groß, stark und unkritisch ist. Immerhin kann das Fahrzeug seit seiner Erfindung 1886 auf eine inzwischen weit über 100-jährige Geschichte als treuester Freund des Menschen verweisen – eine Symbiose, die meist kein Psychologe, sondern nur der TÜV auflösen kann.

Der Range Rover ist die Urform des heutigen SUV, ein geländegängiges Oberklassefahrzeug, welches mit seiner Markteinführung 1970 britischen Lord-Landluxus in Galway Green erfolgreich mit Allradantrieb paarte. Er bereitete somit den Weg für aktuelle Geländelimousinen, die meist deutlich weniger offroad-tauglich sind als das Original.

Der einmalige Künstler und labile Songwriter Michael versuchte, sich hinter den massiven Wänden seines V8-Luxus-Geländewagens (ab 85 900 Euro) vor der Unbill des Lebens zu verkriechen; erst die Polizei zwingt ihn ein ums andere Mal, aus dem Fahrzeug-Kokon herauszutreten und in die raue Wirklichkeit zurückzukehren. George Michael macht die Tragik des SUV und der vielen einmaligen Menschen darin deutlich: Egal wie stark und beeindruckend wir nach außen auftragen und uns nach innen verstecken – dahinter steckt immer ein kleiner Knopf.

Die Hochzeit: Zwei Egotrips unter Gesellschaftszugzwang

Wie George Michael quer durch all seine sexuellen Erlebniswelten erkannt hat, ist es selbst für einen finanziell unabhängigen SUV-Fahrer ratsam, nicht immer allein zu bleiben. Einmaligkeit beinhaltet daher ab einem gewissen Zeitpunkt im Leben durchaus auch Zweisamkeit. Irgendwo Ü30 müssen wir ein offiziell beurkundetes Bekenntnis ablegen zu einer anderen Person – die ungeschriebene Sozialordnung fordert es so. Dies beinhaltet auch eine Beschneidung unserer Egozentrik – und genau daran scheitert es oft. Denn Einmalige müssen bei einer Hochzeit zwei Dinge tun, die in ihren Hirnen eigentlich nicht vorgesehen sind: ein Bündnis eingehen und, viel schlimmer als das, ein Bekenntnis zu jemand anderem abgeben. Warum tun sie sich das an? (George Michael ist nie so weit gegangen, aber er ist ja auch Künstler.)

Es gibt für das moderne Individuum durchaus gute Gründe, die Ehe einzugehen. Sie befriedigt nicht nur kollektive, sondern auch individuelle Bedürfnisse: Einmalige benötigen überlebensnotwendig ein Spiegelbild ihrer Einmaligkeit. Ein fester Partner, der ihnen immer wieder absolute Einzigartigkeit versichert, ist eine sichere Bank. Viel anstrengender wäre es doch, immer wieder aufs Neue Unbekannte von der eigenen Genialität überzeugen zu müssen.*

Ein Urlaub alleine verbracht ist kein Urlaub; wir benötigen für unsere Wahrnehmung ein Referenzobjekt. Der chilenische Biologe und Philosoph Humberto

* Wenn genug Kraft da ist, kann dies außerehelich geschehen (siehe: Hier ist nichts heilig: Die Messe).

Maturana bestätigt das: »Wir können uns nicht selbst sehen, wenn wir uns nicht in unseren Interaktionen mit anderen sehen lernen, und dadurch, dass wir die anderen als Spiegelungen unserer selbst sehen, auch uns selbst als Spiegelung des anderen sehen.« Klingt kompliziert, ist aber ganz einfach: Ohne den anderen wäre es, als sei ich nicht da. In ihm kann ich mich meiner selbst immer wieder versichern und so selbstbewusst hinausposaunen, wie einmalig ich bin. Logisch.

Auch für berufliches Fortkommen und gesellschaftliche Akzeptanz ist die Ehe nach wie vor ein beruhigender Gesichtspunkt im Lebenslauf. Ein möglichst attraktiver Sexpartner, der den eigenen Auftritt perfektioniert, macht auch dem letzten Außenstehenden deutlich, was für ein rattenscharfes Alphatierchen da vor ihm steht. Zudem wollen viele Einmalige ihren Alpha-Genius weitertragen. Dafür ist in der westlichen Gesellschaft die Ehe eine schöne Möglichkeit. Mit gutem Grund kann der Partner für viele Jahre zu Hause eingekerkert werden, um den Nobelpreisträger des Jahres 2069 zu füttern. Wenn die körperliche Attraktivität des Referenzobjektes nach ein paar Jahren oder gemeinsamen Kindern nachlässt, kann jederzeit ein Ersatzteil besorgt werden (zur Not gegen Bezahlung aus Ost oder Fernost, Frauen orientieren sich gern gen Karibik).

Die Werbewirtschaft nutzt und schürt das gesellschaftliche Ideal des Ehelebens gezielt (z. B. Duft Eternity von Calvin Klein) und sorgt dafür, dass sich nur wenige Individuen der Vorstellung entziehen können, dass ein Accessoire die eigene Einmaligkeit steigern kann. Nach Möglichkeit sollte der Partner allerdings nicht ganz so einmalig sein wie man selbst – sonst könnte die bedingungslose Bewunderung leiden oder Kritikfähigkeit eingefordert werden.

Wer den tiefen Wunsch nach Hochzeit bereits beim Lesen deutlich spürt, aber mit seinem Wahnsinn noch alleine dasteht, dem kann zur Beruhigung gesagt werden: Eine erfolgreiche

Hochzeit erfordert keine nähere Kenntnis des Gegenübers; die üblichen Eckdaten aus dem Personalausweis reichen vollkommen aus und lassen immensen Spielraum für die Heroisierung des Traumpartners. Es kann bei Bedarf also auch ganz schnell gehen.

Aber ist es wirklich so einfach, die perfekte Spiegelung unseres eigenen Ichs zu finden? Ein profanes Gemeinschaftsgefühl ist dank Naturkatastrophen, Songs von Xavier Naidoo und vor allem dank des sonntäglichen Tatorts leicht herzustellen. Für die gesellschaftlich entscheidende Form von Gemeinschaft müssen wir aber etwas mehr als die Tasten der Fernbedienung drücken. Und wenn dann der richtige Partner gefunden ist, führen uns umfangreiche Formalitäten rund um die Hochzeitsfeier an unsere persönlichen Grenzen. Würden die geistigen Energien, welche potenzielle Ehepartner für »ihr« Event mobilisieren, zu 35 % in Wissenschaft und Forschung fließen, wären Armut, schmelzende Polkappen, Überbevölkerung, allgemeine Ressourcenknappheit, Krebs sowie Seuchen kein Thema mehr.

Stattdessen fließt alle Kraft und Kreativität in *das* Event: Ringe werden im Schokoladenpudding versenkt, sie liegen in Champagnergläsern oder auf analogen Tiefkühlpizzen. Erwachsene Männer fallen ohne Gewehrgarben reihenweise auf der Eislaufbahn des New Yorker Rockefeller Centers auf zitternde oder gefrorene Knie, um ihrer Angebeteten spontan einen Heiratsantrag zu machen (eine Videoaufnahme des Ereignisses ist im Vorweg buchbar, eher verwackelte Ergebnisse können auf YouTube betrachtet werden). Wenn der Ring nicht in der Speiseröhre stecken bleibt und Ton- und Bildqualität befriedigend sind, kann der Countdown zum wichtigsten Ereignis eines jeden individuellen Lebens ab jetzt runtergezählt werden.

Ein Großprojekt beginnt seine Kreise zu ziehen, aber die projektorientierte Arbeitswelt hat uns darauf vorbereitet wie die Bundeswehr auf einen Auslandseinsatz: Die minutiöse Planung der Leistungsschau verlangt neben den üblichen Listen zum Abarbeiten den Besuch opulenter Hochzeitsmessen, das Lesen umfangreicher Ratgeberliteratur, Internetrecherche, Teilnahme an Internetforen, zahlreiche Testessen und Diätprogramme etc. In der filigranen Ausarbeitung der Details und dem souveränen Umgang mit Eventualitäten manifestieren sich gerne die sozialen Unterschiede:»Achtung: Für die Fahrt von der Kirche in Lübeck nach Travemünde benötigt ihr 1,30 € Maut für den Herrentunnel!« Jeder Reichsparteitag soll kümmerlich gegen den Festakt im Saal III des Landhauses Oltmanns erscheinen, Lichtdome werden Bad Bramfeld und das Holsteiner Auenland glanzvoll in Szene setzen. Alle Energien werden auf diesen einen Tag fokussiert, aber immerhin: Das gemeinsame Bild auf der weißen Holzbrücke über den Weiher im Park rückt unaufhaltsam näher. Zweite Option: Holzsteg, der auf das offene Wasser führt.

Apropos: Perfekte Bilder sind das Nonplusultra am Tag der Tage, und alle Gäste müssen bei der Sozialglück-Polonaise mitmachen. Manchmal werden sie paarweise in einen goldenen Bilderrahmen gequetscht, den sie selbst tragen dürfen. Dabei müssen sich alle Paare spontan fröhlich-fotogen geben, obwohl sie ihre Beziehung eben im Auto noch verbal zerlegt haben, weil keiner Lust auf diese Veranstaltung hat:»Es sind immer noch DEINE Freunde!«

Bei Akademiker-Hochzeiten wird im Vorweg darauf bestanden, dass es auf keinen Fall»alberne Spiele« wie»zu durchschneidende Herz-Laken«,»aufzufegende Scherben« oder»fliegende Tauben aus einer Kiste« gibt. Aber weil keine noch so illustre Hochzeitsgesellschaft ohne schwarze Schafe auskommt oder Tante Trude nicht im E-Mail-Verteiler ist (weil sie gar nicht weiß, was ein E-Mail-Verteiler ist), kommt es zu mindestens einem Sozial-GAU. Während Tante Trude also seit einer Stunde mit tragender Stimme unbeirrt aus Briefen des Geheimrats Johann

Wolfgang von Goethe zitiert, muss die Hochzeitsgesellschaft mit leicht gesenktem Blick ausharren und befingert beschämt das Weinglas. Da beginnt das Plastron zu würgen.

Warum das alles? Es gibt ein nicht weiter schriftlich fixiertes internationales Abkommen, welches im Gegensatz zum Kyoto-Protokoll durchgesetzt ist: Während China und Russland weiter unbehelligt mit »heißer Luft« handeln, müssen alle »normalen« Menschen – in einer je nach Kulturkreis variierten Form – zu einem definierten Zeitpunkt ihres irdischen Daseins den Bund der Ehe schließen. Sonst droht soziale Ausgrenzung. Selbst der Gang in die Homosexualität bietet immer weniger Schlupflöcher: Ausgehend von Zwergstaaten wie Holland und Belgien ist heute kein schwuler Nepalese mehr vor Gleichstellung und ihren integrativen Folgen sicher. Dieser Pflicht zur institutionalisierten Zweisamkeit nachzukommen ist in extrem ausdifferenzierten Individual-Gesellschaften mit Problemen behaftet, weil es einen Kompromiss bedeutet, wenn zwei Egomanen unter einem gesellschaftlichen Dach auf ewig verhaftet werden – auch wenn das mit der »Ewigkeit« meist graue Theorie bleibt.

Doch dank der Aufspaltung der Individuen in soziale Cluster bzw. Ego-Massen kann die Hochzeit weiterhin gleichgeschaltete Menschen vereinen. Selbst Alt-68er, die ehedem lauthals skandierten »Wer zweimal mit derselben ...«, werden zu Überzeugungs- und Wiederholungstätern. Neben Odol, Persil und Montblanc trotzt die Marke Hochzeit erfolgreich allen Verwerfungen, Beziehungs-Trendprognosen und eheähnlichen Gemeinschaften unserer unchristlichen Welt zwischen Sodom und Gomera. Unabhängig davon, wie aufgeklärt, einzigartig und offen zwei Menschen sich geben, spätestens ab 30 läuft ihre innere Zeitschaltuhr, welche eine Mehrheit zum Bekenntnis tickt: »Wir haben das genau durchgerechnet. Auch steuerlich bringt es uns nur Vorteile.«

Unsere Entscheidungen und die zugrunde liegenden Emotionen sind also immer in Abhängigkeit von unserer sozialen Umgebung und ihren Impulsen zu bewerten und einzuordnen. Viele unserer einmaligen Entscheidungen sind – Überraschung! – weder individuell noch besonders originell. Auch die Entscheidung zu heiraten ist in ein äußerst komplexes, vermintes Beziehungsfeld eingebunden und zudem mit einer gesellschaftlichen Bedeutung und Tradition aufgeladen, die weit über unser Dasein hinausragt: Seit der Zeit der Reformation hat sich die Ehe als offizieller Startschuss für sexuelle Aktivitäten fest etabliert.* Das Happening ist allerdings inzwischen liberaler geworden; in westlichen Gesellschaften gilt »freie Partnerwahl« oder treffender »freier Heiratsmarkt«.

Zur Codierung von Intimität I
Selbst so intime Dinge wie die »individuelle« Partnerwahl und eine spätere Heirat unterliegen also definierten Regeln. Das war immer schon so, aber im Zeitalter der Einmaligkeit hat die Sache einen neuen Dreh erhalten: Der Zettelkasten-Soziologe Niklas Luhmann zeigt in seinem Werk »Liebe als Passion. Zur Codierung von Intimität«, dass die aktuell eingeforderte *amour passion* eine vergleichsweise moderne Errungenschaft ist. Sie hat vor allem im Bürgertum des 18. Jahrhunderts ihre Wurzeln. Dagegen besitzt die Liebe als etwas vollkommen Rationales eine lange Tradition. »Die neuzeitliche Betonung von Irrationalität oder Passioniertheit der Liebe setzt sich gegen diese Tradition ab.« Heute ist die Vernunftehe total verpönt. Wir träumen von der ganz großen Liebe, von dem einzig wahren Gegenüber, das uns das Schicksal zuspielt und uns unser Leben lang begleitet. Dass wir auf unsere Gefühle allerdings nicht ewig bauen können, zeigen aktuelle Scheidungsraten. Das ganze Brimborium, welches wir um unsere großen Emotionen veranstalten, ist also nur neumodischer Mummenschanz. Wie viel einfacher

* Wir haben immer geahnt, dass es weit über systemische Akrobatik hinausgeht: *Das Kamasutra für Manager: Führen, leisten und ethisch handeln.* Frankfurt 2008 von Nuri Vittachi.

und entspannter erscheint dagegen die abgesprochene, rationale Variante: Mit der Zeit gewöhnt der Mensch sich an alles – auch an diese Figur, die jeden Abend von meinem Tellerchen isst und anschließend in meinem Bettchen schläft.

Die Suche nach der ewig währenden Zweisamkeit ist aber eigentlich nicht viel mehr als die große Suche nach uns selbst. Allen *Brigittes, Neons* und *Living at Homes* zum Trotz kann sich der denkende Mensch immer schwerer bewerten oder bestimmen. Das offenbart sich auch in der einmaligen Art der Flirt-Kommunikation. Die Inhalte lassen zu wünschen übrig, denn selbst hinter den verbalen Intimitäten stecken strenge Regeln. Die familiäre Vorgeschichte muss unbedingt auf mögliche Erkrankungen in der Familie abgeklopft werden. Schließlich haben wir klare Erwartungen an eine Partnerschaft: Treue, Kohle, (gesunde) Kinder, Passat, Pendelleuchten.

Aber wie soll der Mensch in der heutigen Zeit auch Tiefe und Halt finden? Er wechselt jeden Tag zwischen zahlreichen Sozial-kreisen und gesellschaftlichen Rollen; eine klare Identität zu bilden fällt da schwer: im Hauptberuf Controllerin bei Dräger, im Tennisclub 1. Vorsitzende, ein großer Bekanntenkreis, enga-gierter Chat-Austausch mit anderen Haltern von Kurzhaarcollies und aktives Mitglied der »Freunde der Hamburger Staatsoper«. Intensive Lebensgestaltung, die dazu führt, dass wir viel mit vielen kommunizieren, unsere Kommunikation aber immer un-persönlicher und damit oberflächlicher wird, während wir uns selbst immer stärker als einzigartig tiefgründige Wesen begrei-fen.

Um aus diesem Dilemma der Selbstsuche und Oberfläch-lichkeit herauszukommen, brauchen wir also unbedingt den perfekten Ehepartner. Unsere Ansprüche an die Liebe steigen ins Bodenlose. Denn wenn wir schon keine Antworten mehr be-kommen und trotzdem ausdifferenziert individuell sein müssen, soll uns wenigstens die Ehe ein sicherer Hafen sein. Zu viele

Filme mit Jennifer Aniston, Meg Ryan, Hugh Grant oder Matthew McConaughey haben uns dieses romantische Idealbild von Liebe vorgegaukelt.

Aufgrund unserer Ansprüche und Aktivitäten haben wir leider keine Kraft mehr, uns ernsthaft und vollständig auf neue Menschen einzulassen. Der andere ist ja genauso ausdifferenziert in seinem einmaligen Wirken und Wesen wie wir selbst. Es ist umständlich, ihn in seiner kosmopolitischen Ganzheit zu erfassen – aber genau das ist unser Anspruch an die Liebe. Der Erotomane und Bibliothekar Georges Bataille nennt das das Leiden an der Isolierung in der diskontinuierlichen Individualität (»Die Erotik«).

Gleichzeitig lässt uns die Tatsache, dass die von vielen Isolierten leidenschaftlich angestrebte Hochzeit keine persönlichen Verbindlichkeiten mit sich bringt, noch leichter »Ja« sagen. Rücksichtslos werden dabei hohe finanzielle Verbindlichkeiten in Kauf genommen, die auch Freunde und Gäste in die Pleite bugsieren: Diese sind gezwungen, Geschenke, Flugtickets, Cohiba-Zigarren, 5-Sterne-Übernachtungen zu kaufen oder direkt kofferweise Bargeld auf den Präsenttisch zu kippen. Arme Brautjungfern müssen nach schriftlichen Anweisungen der Braut maßgeschneiderte Designer-Roben erwerben, damit alles farblich und stilistisch zum Brautkleid passt. Sogenannte »Hochzeitstische«, die das Paar bei führenden Juwelieren (z. B. Cartier) und Porzellanläden (z. B. Weitz Porzellan, Hamburg) einrichtet – mit bequemer Online-Bestellmöglichkeit, verlinkt mit Hochzeits-Website sowie persönlicher Tisch-Betreuerin – erhöhen den Kreditkartenabrieb.

Die einzige Möglichkeit für die Gäste, Racheakte an dem Paar vorzunehmen, besteht darin, sie im Vorweg mit Anrufen zu terrorisieren: »Gibt es im Hotel einen Wasserkocher für Helenes Brei?« Gerne auch offene Fragen: »Sag mal, wie offiziell darf ich mir das Ganze eigentlich vorstellen?« Freunde oder Bekannte mit einer Ausbildung im Bereich Grafik- oder Webdesign sollten jetzt ihr Sabbatical nehmen, sie werden sonst vom Brautpaar 18 Monate Vollzeit für die Kreation von Einladungskarten, Menükarten, Servietten und Webseiten eingespannt. Alles, damit zwei Menschen sich einen Tag lang als einmalig empfinden – jeder für sich allein, versteht sich. Darauf spekuliert eine ganze Hochzeits-Dienstleistungsindustrie. Oft ist die Frau erstes Ziel und leichtes Opfer ihrer Anschläge: »Mit Stilen spielen, mal romantische Prinzessin, mal moderne Femme fatale ... Welche Frau empfindet dabei nicht großen Genuss? Sich in edle Stoffe hüllen, die verheißungsvoll knistern; aus dem Kleidungs-Einerlei des Alltags ausbrechen und sich vor dem Spiegel immer neu verwandeln, vom eigenen Spiegelbild immer aufs Neue entzückt werden: Das ist das Privileg der Braut auf der Suche nach ihrem Brautkleid. In unserem vielseitigen Sortiment ist von schlicht bis opulent, von edel bis frech alles dabei. Wir beraten Sie kompetent und mit viel Zeit und Feingefühl. So wird die Suche nach dem Brautkleid zur spannenden Entdeckungsreise für Sie« (aus www.brautmoden-isabel.de). Für den Mann gilt es in erster Linie, einen teuren cremefarbenen Cut zu finden, der ihn wie einen Fremdkörper erscheinen lässt, sowie eine Butinette, die mindestens doppelt so groß wie sein Gesicht ist.

Gemeinsame Kurzreisen zu diversen Hochzeitsmessen quer durch Europa schweißen das frische Glück noch stärker zusammen. Tipp: Das Paar kann seine Ringe unter Anleitung und Überwachung eines erfahrenen Schmiedes selber schmieden: »Spart Geld und ist supiiiii-romantisch!«

Die Marke Hochzeit hat sich ihre Anziehungskraft auch erhalten können, weil sie mit der schnelllebigen Zeit gewalkt ist und das Schwören ewiger Treue beliebig oft mit beliebig vielen Partnern wiederholt werden kann. Die Aufführung selbst ist davon nicht betroffen, von A wie Antennenschleifen bis Z wie Zitherspieler (Hintergrundmusik beim Essen) verliert das Stück nie an Faszination. Im Gegenteil, die Erfahrung hilft: Von Mal zu Mal wird es entspannter, ab der vierten bis fünften Hochzeit genießt selbst das Brautpaar den Tag. Führende Persönlichkeiten aus Wirtschaft und Politik konnten hier ihre Vorbildfunktion nutzen, um gerade jungen Menschen die Angst zu nehmen: Yoh! Hochzeit ist kein privates, altmodisches oder langfristiges, sondern ein öffentliches, modernes, abwechslungsreiches und altersloses Bindemittel. Zudem eine schöne Gelegenheit, sich die Zähne bleachen zu lassen und mit Fitnesstrainern und Ökotrophologen ein spezifisches Sport- und Ernährungsprogramm auszuarbeiten, um die Mutation von Martina und Horst zu Barbie und Ken auf den Tag exakt abzustimmen.

> Aufgepasst: Zur Hochzeitssaison bieten viele Zahnärzte Specials für Hochzeitspaare an. Es gibt Ermäßigungen sowohl auf Lumineers* als auch auf eine professionelle Zahnreinigung (PZR) oder Bleaching.

Wichtig ist, dass die offizielle Liebeserklärung an den Partner/ die Partnerin auf Anhieb gelingt und so persönlich wie möglich gehalten wird. Hier der Text: »Ich liebe meinen Mann/meine Frau, weil er/sie immer für mich da ist; er/sie mich aufmuntert, wenn ich mal traurig bin; er/sie mich immer zum Lachen bringt. Weil wir viel Spaß miteinander haben und viel zusammen unternehmen, die Welt ganz ähnlich sehen. Schon vom ersten Moment an wusste ich, dies ist der Mann/die Frau, mit dem/mit der ich mein Leben verbringen und eine Familie gründen möchte. Nach wenigen Tagen, eigentlich Stunden, kam es uns beiden so vor, als wären wir seit Ewigkeiten zusammen ... Es ging alles so schnell, wir schwebten auf Wolke sieben und tun es bis heute. Durch

* Lumineers sind die konsequente Weiterentwicklung von Veneers. Die Zeiten, in denen Zähne für Veneers abgeschliffen, gebohrt oder betäubt werden mussten, sind vorbei. Die Schalen werden einfach auf dem vorhandenen Zahn befestigt, ohne diesen zu beschädigen oder zu belasten. Die Lumineers sind dabei vergleichbar mit Kontaktlinsen, sie sind wesentlich dünner als Veneers und können ohne Anschleifen des eigenen Zahns angebracht werden.

unsere Hochzeit ist dies alles noch intensiver geworden. Ich bin sehr glücklich an seiner/ihrer Seite, und deshalb liebe ich ihn/ sie. Jeden Tag ein kleines Stückchen mehr, es ist einfach nur einmalig.«

Zur Codierung von Intimität II:
Dem Zufall den Boden entziehen – TÜV-geprüfte Partnersuche
Weil es also kaum noch floskelfreie Kommunikation gibt, westliche Menschen sich aber gegen anonyme Massenhochzeiten in Stadien sperren (noch), wurde ElitePartner erfunden. Allein der Name macht es Einmaligen unmöglich, irgendwo anders nach Partnern zu suchen; denn nur hier werden sie genau so angenommen, wie sie sind: einmalig von Kopf bis Fuß. Äußerst differenziert geht das Computerprogramm auf unsere individuellen Bedürfnisse ein, es analysiert jeden einzelnen Charakterzug und hebt uns in eine einmalig elitäre Sphäre, in der wir uns gemeinsam mit über zwei Millionen Menschen erfolgreich gegen die Masse der Partnersuchenden »da draußen« abgrenzen. Ein starkes individuelles Statement gegen die Oberflächlichkeit in unserer Gesellschaft und für eine authentische wie moderne Partnerwahl.

Die Institution macht das Unmögliche möglich: ohne Gelaber zielorientiert einer gesellschaftlichen Dauerlösung zugeführt zu werden. Intimitäten in Faktenhäppchen gepresst, getestet, für gut befunden und zertifiziert: »Partnersuche bei der TÜV-geprüften Partnervermittlung: ElitePartner. Partnersuche nach attraktiven Singles mit dem mehrfachen Testsieger«. Die im virtuellen Raum suchenden Singles sind allesamt kultiviert und niveauvoll, jedes einzelne Mitgliederprofil ist »handgeprüft« – was immer das bedeuten mag (wir haben nichts gespürt). Der Schritt zum Traumpartner für einen kurzen, »aber wahnsinnig wichtigen« Lebensabschnitt ist abgesichert, die enge Zusammenarbeit mit Forschungsinstituten macht dem letzten Zweifler die absolute Seriosität der Partnervermittlung deutlich. Sorgfältige Formulierungen schaffen Vertrauen bei der gehobenen Kundschaft. Der umfangreiche Persönlichkeitstest, der jedem Eintritt in die Pre-Select-Liebesloge vorausgeht, und »das wissenschaftliche EliteMatching wurde von renommierten Psychologen entwickelt«, verrät die Website. Mit Kontaktgarantie!

Effizienz ist das Stichwort im Lean Management, denn als Folge der Vielschichtigkeit unserer windschnittigen Persönlichkeit haben wir keine »Zeitfenster« für reale Treffen. So wie E-Mails das zwischenmenschliche Gerede im Berufsalltag abgeschafft haben, so kann mit der elektronischen Eros-Plattform privates Vorgeplänkel auf das Notwendigste eingedampft werden. Stattdessen wird bequem geklickt und selektiert, lange bevor sich der fitnessgestählte Hintern aus dem ergonomischen Sessel erhebt. Für alle Partnervorschläge, die unter 85 von 100 möglichen »Matchingpunkten« bleiben, rühren wir uns nicht einen Zentimeter – müssen wir auch nicht. ElitePartner erklärt, warum: »Wie Studien zeigen, steigt mit dem Bildungsniveau der Internet-Nutzer auch die Affinität zur Online-Partnersuche. Ein Drittel der Singlefrauen und ein Viertel der Singlemänner mit akademischer Ausbildung sind bei einer Online-Partnervermittlung angemeldet. Gerade Akademiker schätzen dabei die mannigfaltigen Möglichkeiten, die hohe Flexibilität, die gewährleistete Sicherheit und die enorme Zeitersparnis. Als mehrfach prämierte Premium-Partneragentur ist ElitePartner bei Akademikern besonders beliebt. Der Akademiker-Anteil unter den eine Million Mitgliedern aus dem gesamten deutschsprachigen Raum ist besonders hoch. Das Fremde reizt unsere Neugier, und daher ziehen sich Gegensätze an. Bei der Partnersuche indes gilt das Gegenteil: ›Gleich und Gleich gesellt sich gern‹, lautet hier die Devise. Natürlich kann man sich in einen Menschen mit ganz unterschiedlichen Interessen und niedrigerem Bildungshintergrund verlieben, aber eine harmonische und langfristige Partnerschaft wird daraus kaum erwachsen können, wie Psychologen betonen.«

Da bleiben keine Fragen offen – auch für Nichtakademiker, also die übrigen hier avisierten »Singles mit Niveau«. Die Akademiker indes müssen an vorderster Front für die Seriosität werben; deswegen wurde als Markenlogo auch gleich das Akademiker-Hütchen mit Quaste* verwendet. Leute, die Menschsein nicht verstanden hatten, wollten es eigentlich schon zusammen mit den Talaren einmotten. (Heute tragen einige der einmaligen Ex-Steinewerfer adelig anmutende Wappen und lassen sich entsprechende Siegelringe bauen. Wenn sie berühmt genug sind, nehmen sie Lehraufträge der altehrwürdigsten US-Eliteuniversitäten an, wobei sie sich gerne für PR-Bilder im Professoren-Talar ablichten lassen.)

Die versammelte Elite braucht ungewöhnlich viele Hilfestellungen: Es werden sorgfältige Hinweise von Dr. med. Horst Herbst und Dipl.-Psych. Friederike Frühling zum korrekten Paarungsverhalten gegeben. Folgerichtig ist »Der menschliche Makel« hier kein Roman von Philip Roth, nein, unter dieser Überschrift finden sich Tipps, wie sie extremen Schweißgeruch am Fuß mit Ehrlichkeit überpudern können. Das Paarungs-motto lautet: »Pimp your Persönlichkeit.« Extrem wichtig dabei: »Immer schön authentisch bleiben!«

Sie benötigen ganz schnelle Antworten für ganz dringende Fragen? Rein in den Experten-Chat zu Themen wie »Ein Schluck zu viel beim ersten Date?« oder »Ist das Tragen einer Sonnenbrille beim Erstdate o. k.?« Wahrscheinlich sind es wirklich nur die unsicheren Männer, welche Hilfe benötigen, denn alle ElitePartner-Frauen positionieren sich einmalig selbstbewusst:»Das Besondere an mir ist, dass ich trotz langer Beine fest im Leben stehe!«

* Das sog. Mortarboard oder einfach Doktorhut, oft gemeinsam mit Robe im Einsatz. In Deutschland stark im (Wieder-)Kommen, jetzt mit »Funfaktor«. Gleich bestellen unter www.robe-academicus.com.

Kompetenz, Charakter und Charisma im Kurzportrait
Schwarz-Weiß-Portraits einmaliger und natürlich erfolgreicher Singles »krönen« ElitePartner-E-Mails und sonstige Werbemaßnahmen. Unter den stimmungsvollen Charakterbildern befindet sich jeweils eine stichwortartige Berufs- und Persönlichkeitsbeschreibung: die Elite-Sozialtypologie. Im Grunde handelt es sich um destillierte menschliche Idealvorstellungen: ein Setzbaukasten für einmalige Menschen. Alle Begriffe sind untereinander frei kombinierbar, und es kommt am Ende immer etwas Einmaliges dabei raus. Wählen Sie also einfach aus:

Redakteurin / sozial engagiert
Architekt / Oldtimer-Bastler
Modedesignerin / trendbewusst
Dolmetscherin / Kosmopolitin
Jurist / passionierter Segler
Kardiologe / Opernfan
Restaurateurin / Weltenbummlerin
Innenarchitektin / Feinschmeckerin
Pilot / Golfer (Handicap 12)
Kunsthändler / weltoffen
Schauspielerin / liebt asiatisches Essen

Pierre Bourdieu freut sich, mehr kumuliertes Sozialkapital geht schwerlich. Er formuliert es so: »Das Sozialkapital ist die Gesamtheit der aktuellen und potentiellen Ressourcen, die mit dem Besitz eines dauerhaften Netzes von mehr oder weniger institutionalisierten Beziehungen gegenseitigen Kennens oder Anerkennens verbunden sind; oder anders ausgedrückt, es handelt sich dabei um Ressourcen, die auf der Zugehörigkeit zu einer Gruppe beruhen. Das Gesamtkapital, das die einzelnen Gruppenmitglieder besitzen, dient ihnen allen gemeinsam als Sicherheit und verleiht ihnen – im weitesten Sinne des Wortes – Kreditwürdigkeit.« Das bedeutet im Klartext: Als einmalig Individuelle suchen wir nach dem perfekten Match. Wir wollen schnell zum Ziel kommen und zügig mit anderen kompetenten Einmaligen zusammengeführt werden.

Selbstbestätigung bekommen wir schließlich durch die neueste persönliche Nachricht, die uns ein »äußerst attraktives« Mitglied zusendet. Es hat bei seinen und unseren Personaldaten eine hohe Übereinstimmung festgestellt (91 Matchingpunkte) und möchte uns jetzt kennenlernen:

Leider können wir diese Nachricht nicht lesen, weil wir noch nicht Premium-Mitglied sind. Das »24-Monats-Paket gibt es aber bereits ab 24,90 Euro im Monat«. Fazit: Im 21. Jahrhundert gibt es nichts umsonst – auch keine Liebe.

WEIL WIR NIE IM KRIEG
WAREN: BERUF IST KAMPF

Das Gefühl von Einmaligkeit bezieht seine Aura und Existenzberechtigung zu einem großen Teil aus unseren beruflichen Meriten. Je mehr wir Sender oder Gestalter sind – jedenfalls nicht Empfänger von Botschaften –, umso stärker das eigene Ego. Beruf ist Kampf, und jeder möchte Napoleon sein (wie die Geschichte ausging, ist eine andere Geschichte). Falls das nicht gelingt, kann das Gefühl, ein High Potential oder Kreativgenie zu sein, auch künstlich von außen erzeugt werden. Hierfür hat die Industrie zahlreiche Wege gefunden: Limitierte Montblanc-Schreibgeräte, iPhones oder beim Laufen souverän hallende Marmorböden an internationalen Flughäfen sind typische Beispiele dafür. Zusätzlich zwingen uns Internetplattformen, den eigenen Lebenslauf so aufzutuen, dass selbst engste Freunde oder Verwandte uns nicht wiedererkennen (nicht mal auf dem Foto) – denn im Internet sind wir alle nur noch potentielle Bewerber, die von allen Seiten eingesehen und beurteilt werden. Einmaligkeit ist eine Frage des Marketings. Daher kann und wird alles überall und immer vermarktet. Das hat Folgen, die bis zum beschallten Toilettengang reichen. Dazu später mehr. Jetzt erst mal herzlich willkommen am Frankfurter Flughafen!

Über Marmorböden zum Erfolg: FRA

Sobald die ersten Passagiere nach der Landung das Flugzeug verlassen und eine Unzahl von Piers und Rolltreppen durchschritten haben, gelangen sie irgendwann in den Terminal. Und dann passiert es: Der erste Mann (die ersten sind *immer* Männer), der die langgezogene Ankunftshalle betritt, stockt – einen Augenblick – und blickt eilends nach rechts und links, als warte er auf ein bekanntes Gesicht, eine Stimme, die ihn ruft, aufgeregt lacht oder eine drahtverstärkte Gerbera in seine Richtung hebt. Zahllose Meetings im Business-Center Frankfurt Airport haben es nicht vermocht, den Wunsch nach gemeinschaftlicher Wiedersehenserfahrung in den Ankunftshallen der Flughäfen dieser Welt zu schmälern. Im Gegenteil: Je weiter entfernt von der Heimat, desto vehementer das Suchen in der anonymen Masse der Wartenden. Es könnte ja sein, dass ... Doch da ist niemand.

Vielleicht ist das der Preis für beruflichen Aufstieg. Merkwürdig! Schließlich halten wir uns als strahlender Sonnenkönig unserer »Bereichsunit« doch für das Zentrum des Universums. Aber immerhin hat uns die Gesellschaft erfolgreich vermittelt, dass das stramme Erklimmen der Karriereleiter die Individualisierungsmöglichkeiten im Alltag deutlich erhöht. Statt Reisebusshuttle (mit gepiercter Reiseleiterin) zum 4-Sterne-Hotel auf Fuerte können wir uns jetzt den schicken Range-Rover-Chauffeur vom Oberoi-Hotel auf Lombok leisten. Statt Chinesen-All-You-Can-Eat-Buffet gibt's das besondere Tagesgericht, welches »Gino« uns Stammgästen ganz exklusiv empfiehlt.

Strukturell betrachtet gibt es keine Unterschiede zwischen all diesen Auswüchsen unserer Konsumkultur. Auch auf den echtledernen Rücksitzen des luftkonditionierten Range Rovers sind wir Teil einer festgelegten Choreografie, und der individuelle Ruf zum Fahrer »Would you please stop. I'd like to take a picture of the apes« ist vom Hotelmanagement zeitlich fest eingeplant. Der

Fahrer hat sogar Erdnüsse griffbereit. Nichts in dieser Welt unterliegt dem Zufall. Es ist nicht überraschend, dass die vertraglich garantierten Überziehungen von »Wetten, dass ...?« oder ein unerwartetes Elfmeterschießen in der Europaleague die letzten Rudimente der Chaostheorie in der Moderne sind. Eine herannahende Schneefront wird sechs Wochen vor ihrem Ankommen angekündigt, weil sie ein wohliges Gefühl von Unplanbarkeit und Zufall in unsere korrekte Lebensarchitektur bringt. Ach, denken wir, schön, dass es mal anders ist.

Was Erdnüsse und Range Rover für die exklusive Reisegesellschaft, ist am Flughafen die Bordkartenkontrolle. Hier kommt nicht jeder rein! Ganz im Gegensatz zum kosmopolitischen Airport sind der Bahnhof und das Bahnfahren deshalb auch im sozialen Niedergang begriffen. Das ist jedoch nicht Ergebnis des technischen Fortschritts, sondern der offenen Architektur von Bahnhöfen geschuldet. Ihre Funktionsweise schließt hermetische Lösungen aus. Jeder kann sie betreten, jeder sich in ihnen aufhalten – auch wenn der bemützte Sicherheitsdienst im Auftrag der Deutschen Bahn die Bahnsteige inspiziert, als müsste er ein Hochsicherheitsgefängnis bewachen. Als offene Orte, die vom ständigen Kommen und Gehen der Besucher leben und immer nur Mittel zum Zweck sind, ziehen Bahnhöfe Menschen an, die keinen Mittelpunkt, keine Heimat haben. Sie fallen im ständigen Austausch der Elemente nicht auf. Kein Blick bleibt länger an ihnen haften, weil hier selbst die angebotenen Speisen »Fast Food« sind.

Ein Flughafen dagegen schirmt ab, er lässt nur die eintreten, die ihre Berechtigung (also ihre Bordkarte) vorweisen können. Dies erklärt, warum Bahnhöfe trotz des zunehmenden Einbaus strahlender Einkaufspassagen schäbig und Flughäfen strahlende Aushängeschilder der Region sind. Zwar ist der Eingangsbereich eines Flughafens offen, aber genau dieser Bereich ist eben nur der Anbindungshub von Regional- und Fernbahn. Am Wochenende fahren Familien aus der Rhön und dem Taunus gerne zur Aussichtsplattform und betrachten als Zaungäste das bunte Treiben auf dem Vorfeld. Dabei mampfen sie Kartoffel-Wedges mit glutenfreier Mayonnaise. Der eigentliche Flughafen beginnt erst mit der Sicherheitskontrolle. So gesehen hat Al Kaida viel für die Wertigkeit und die Re-Ökonomisierung des Flugverkehrs erreicht: Mister Laden, Ihr Konzept ist bombig!

Flughäfen profitieren bis in die Gegenwart von ihrer von Reinhard Mey aufgeladenen Historie. Sie sind, so würden die Historiker Etienne François und Hagen Schulze definieren, Erinnerungsorte: »Niemand lebt nur im Augenblick. In unseren Erinnerungen erkennen wir, wer wir sind und wodurch wir uns von anderen unterscheiden: Dies gilt nicht nur für einzelne Menschen, sondern auch für Kollektivindividuen, für Familien, Vereine, gesellschaftliche Gruppen, für Völker und Nationen.« Und für Flugreisende. Das Publikum am Flughafen Frankfurt agiert dementsprechend intuitiv: Es gibt wohl keinen Ort, an dem so viele Jeans, Blusen und Sneakers zum ersten Mal angezogen werden. Man macht sich hübsch für einen besonderen Moment. Die Melancholie des Alltages war schon immer sehr kleinteilig.

Der Frankfurter Flughafen steht aber nicht nur für Exklusivität, sondern auch für möglichst reibungslose Flugverbindungen von A nach B. Deshalb tummelt sich hier die geschäftliche Elite. Deren ungewollte Vermassung wird bei genauerem Hinsehen aber schnell offenbar. Hier ist zwar nahezu jeder erfolgreich und mindestens Herrscher über eine Abteilung inklusive geheimer *amour fou*, dabei aber genauso individuell wie eine Schrippe in der Schütte beim Penny-Markt. Die eigentliche Leistung des modernen Flughafens ist es, trotzdem das Gefühl von Besonderheit und Elite vom »Malle Pauschalisten« bis hoch zum »First Class HON« zu erzeugen. Spätestens bei der Bordkartenkontrolle fühlt sich jeder wichtig – und darf das auch.

Und dennoch spiegelt der Flughafen Frankfurt auch die Einsamkeit des Einmaligen wider. Dass da keiner ist, der den CEO von seinem beruflichen Trip nach Madrid abholt, macht die innere wie äußere Leere offenbar. »Hineingeworfensein in die Existenz« nennt das der immerwährende Impresario der deutschen Philosophie, Martin Heidegger. Diese Vorstellung entwickelte er schon 1927 in seinem Werk »Sein und Zeit«. Die Quintessenz: Wir wissen nicht, woher wir gekommen sind, und vor allem noch nicht einmal, aus welchen Gründen. Deutlich macht Heidegger das an der Fundamentalfrage, die wir uns alle irgendwann um den 16. Geburtstag herum stellen: Warum bin ich? Die einmalige Antwort lautet: Wir sind einfach da – ohne Grund. Das kann einen jungen Menschen ganz schön verwirren, ältere Menschen trinken, weil sie es verstanden haben. Es gibt scheinbar keine Zielsetzungen für unser Sein.

Im System Flughafen ist dieser Fakt in Marmor gemeißelt. Im Gewusel und Gedränge des An- und Abfliegens gibt es keine absoluten Wahrheiten und Begründungen – obwohl alle so tun, als ob. Es funktioniert einfach, weil es funktionieren soll. Mit dem Ticket in der Hand sind alle Fragen wie weggeblasen. Warum wir nach Accra, Atlanta oder Athen müssen, ist für alle Beteiligten am System vollkommen irrelevant. Ja, es ruft noch nicht einmal Interesse hervor.

Soziologisch betrachtet ist das Soziotop Flughafen daher ein verdichteter Ort. Verdichtet bedeutet: Sämtliche individuellen Zwecke der Reisenden schrumpfen auf den kleinsten gemeinsamen Nenner zusammen, nämlich: an ein Ziel zu kommen. Hier tanzt der Kongress und tummelt sich die UNO im Kleinformat. Hier treffen sich die »Völker der Welt«, hier nutzen amerikanische Firmenlenker und philippinische Leichtmatrosen das gleiche Vehikel (wenn auch in unterschiedlichen Klassen); hier kommen Stile, Gewohnheiten und Alltäglichkeiten auf engstem Raum zusammen. Allerdings: Wenn alles ist, dann ist nichts.

Das bedeutet? Auf dem internationalen Drehkreuz FRA sind kulturelle Besonderheiten vollständig abgeschafft. Es gibt nichts, was es nicht auch woanders geben könnte. Man mag verzweifelt suchen, aber außer Brezeln, Frankfurtern und einem Bierbembel werden wir nichts finden, das in irgendeiner Form an die Vorstellungswelt Frankfurt oder gar Deutschland anknüpft. Vielleicht ein Fußballtrikot vom FC Bayern München. Selbst die Auslagen im Duty-Free-Shop orientieren sich an den Ikonen des globalen Marktes.

Das Einzige, was dem Menschen in einer solchen Umwelt noch bleibt, ist der geistige oder zumindest telefonische Rückzug in das Private. In kaum einem anderen öffentlichen Bereich sieht man Paare derartig aneinandergekrallt Hand in Hand gehen. Spitzen wir zu: Der Flughafen Frankfurt neutralisiert Kultur und damit jegliche Einmaligkeit. Das Prinzip Funktion hat das Prinzip lauschiger Kultur(en) ersetzt.

Da stehen sie nun, die globalen Unitleiter-Eliten, und marschieren millionenfach in schwarzen Slippern von Lloyd und schwarzen Tumi-Taschen über den anthrazit-glänzenden Granit, bedrängt von der Auswahl bei Relay (Presseerzeugnisse), Picard (»PICARD-Produkte sind zuverlässige Begleiter und Ausdruck ihres Lebensstils«) und Tie Rack (»committment to outstanding quality and value«). Doch wohin marschieren sie eigentlich? Als »Hineingeworfene« sind auch sie auf der Suche nach dem Sinn ihrer Existenz. Am Flughafen suchen sie jedenfalls vergeblich nach Wegweisern für ihr Leben ...

Der Flughafen als Panoptikum
Doch zumindest alle anderen Fluggäste können uns dank der Architektur des Frankfurter Flughafens bei der Sinn- und Selbstsuche behilflich sein. Denn durch lichtdurchflutete weite Räume sehen wir uns im anderen – und das auf globalem Niveau. Wir wanken auf steigungsfreie Rollbänder und erkennen die vor-

beiziehenden Gegenüber als Referenzen unseres eigenen Erfolgs. Vorherrschender Farbton ist der rosige Porzellanteint von Menschen aus gutem Hause. Als selbstähnliches System schöpfen wir Kraft und Bestätigung aus der massenhaften Existenz aller, die so sind wie wir. Alles ist schön und strahlt die heimelige Patina des Bekannten aus. Es herrscht das ausdifferenziert schmalspurige Warenangebot des Weltdorfes, das *global play* des Massengeschmacks – natürlich auf höchster Ebene. Allein die etwas beleibten und lauten Herren (wahrscheinlich aus Osteuropa), die an einem Stehtresen ein frisch gezapftes Bier trinken, sind ästhetische Störfaktoren.

Am Flughafen Frankfurt ist nichts und niemand einmalig. Alle sind Hineingeworfene, die in vorausschaubaren Bahnen gehen, sprechen, bestellen und schließlich im Flugzeug auf Platz 12D sitzen (»Bitte den Gangplatz!«). Das ist umso erstaunlicher angesichts der Tatsache, dass wir das Reisen, vor allem wenn der Jahresurlaub angetreten wird, als ersehnte Phase der Selbstbestimmung in unserem fremdbestimmten Leben verstehen. Der Satz »Wenn ich Urlaub habe, dann ...« startet ausgerechnet an einem Ort, der keinerlei Raum für Entfaltung bereithält. Hier gibt es keine Menschen, sondern nur noch Fluggäste, die Piktogrammen und baulich vorgegebenen Korridoren folgen.

Anscheinend wirken hier bauliche Methoden, die den Menschen instrumentalisieren, also unbewusst beeinflussen. Wie ferngesteuert rennt er über den Flughafen. Der Soziologe Michel Foucault entdeckte in den 70er Jahren des vorigen Jahrhunderts das Prinzip der »Kunst der Verteilung«, das auch am Flughafen vorherrscht: »Jedem Individuum seinen Platz und auf jedem Platz ein Individuum. Gruppenverteilungen sollen vermieden, kollektive Einnistungen zerstreut, massive und übersichtliche Vielheiten sollen zersetzt werden. Es geht gegen die ungewissen Verteilungen, gegen das unkontrollierte Verschwinden von Individuen, gegen ihr diffuses Herumschweifen, gegen ihre unnütze und gefährliche Anhäufung.«

Bei genauer Analyse stellt sich heraus, dass der Frankfurter Flughafen einem architektonischen Konzept folgt, das der britische Philosoph und Jurist Jeremy Bentham vor mehr als einhundert Jahren ersonnen hat. Er baute ein ringförmiges Gebäude, in dessen Mitte ein Turm mit großen Fenstern steht. Das ringförmige Gebäude ist in gleichförmige Zellen unterteilt, von denen jede durch die gesamte Tiefe reicht. Durch ihre zwei Fenster, eines nach innen und eines nach außen, wird die Zelle von beiden Seiten von Licht durchdrungen. Ganz so sieht der Frankfurter Flughafen natürlich nicht aus, aber das übergreifende Prinzip der Ordnung und Funktion ist innerhalb seiner Mauern auf moderne Weise interpretiert. (Jeremy Bentham wandte dieses Prinzip übrigens erstmals zur Errichtung von Gefängnissen an).

Michel Foucault hat deutlich gemacht, dass solch eine Architektur, die vor allem Ordnung und Transparenz schaffen will, folgendermaßen zu deuten ist:»Jeder Käfig ist ein kleines Theater, in dem jeder Akteur allein ist, vollkommen individualisiert und ständig sichtbar. [...] Er wird gesehen, ohne selber zu sehen; er ist Objekt einer Information, niemals Subjekt in einer Kommunikation. Das Prinzip der Macht liegt weniger in einer Person als vielmehr in einer konzertierten Anordnung von Körpern, Oberflächen, Lichtern und Blicken; in einer Apparatur, deren innere Mechanismen das Verhältnis herstellen, in welchem die Individuen gefangen sind.« Zwar wähnen wir uns in der abgehobenen Atmosphäre eines Flughafens so einmalig wie kaum irgendwo anders; eigentlich sind wir dort aber nur Figuren, die in definierten Bahnen und mit den Accessoires derer umherfliegen,»die es geschafft« haben.

Eine Steigerung der kontrollierten Individualvermassung sind die Rückzugsbereiche der Fluggesellschaften. Geplant als

Wohlfühleinheiten für die besser bezahlende Stammkundschaft, versuchen die Lounges verschiedener Airlines, die Welt mit einer Aura zu überziehen, die in ihrer Sterilität als Empfangshalle zur Vorhölle dienen könnte. Bemerkenswerterweise sieht diese bei der arabischen Fluggesellschaft Emirates ebenso aus wie bei der Lufthansa – bei den Wahhabiten gibt es jedoch Lamm statt Würstel am Buffet.

Die namentliche Begrüßung am Empfang ist eine Selbstverständlichkeit, sofern der eingesetzte Name phonetisch nicht allzu kompliziert ist. Alles ist darauf ausgelegt, reibungslos zu funktionieren. Es herrscht soziale Disziplin. Hier wird es immer Gummibärchen geben, weil es Gummibärchen gibt, und Bier, weil es nach einem langen, arbeitsreichen Tag einfach dazugehört ... An den Großbildleinwänden berichten CNN und die ARD, auch Eurosport darf das Stündchen vor dem Abflug versüßen. Es zeigt sich einmal mehr, dass nichts so universell und völkerverbindend ist wie die Gestaltung des Müßigganges.

Dieser Kosmos der Austauschbarkeit und Funktion versucht zwar alles, um das Gefühl von Masse bei den Besuchern zu vermeiden, aber der Mensch ist trotz allem ein sensibles Wesen. Auch wenn wir es nicht bewusst realisieren, es bleibt ein Gefühl von Einsamkeit. Wir spüren es und verlagern die Individualität telefonisch nach außen. Wir beschließen, dass es Zeit ist, unseren Lieben daheim kurz zu sagen: »Ich bin jetzt in Frankfurt, und gleich geht es weiter ...«. Ein besonders katholisches Leuchten erfüllt uns, wenn wir die Abenteuerhaftigkeit unseres Lebensweges mithilfe der Witterung dokumentieren können. Und so schwingt sich die unerwartete »Enteisung« des Flugzeuges im Winter als zartes Manifest der einmaligen Existenz herauf, wenn der Flugkapitän seine Gäste über PA (Public Address) auffordert, »gerne noch einmal zu telefonieren«. Ein hundertfacher Stimmenchor entfaltet sich im Rumpf, in dem sich berechtigte Verspätungsempörung mit kraftvoller Daseinsfreude vermischt. Ein Chorus, der jetzt zahllose Handydisplays in stuckigen Wohnungen zum Leuchten bringt.

Das ist die tiefensoziologische Mikrophysik des Frankfurter Flughafens.

Das Andachtsbuch des Produkt-Managers: Der WorldShop-Katalog

Nachdem unser Lufthansa Airbus A 319–100 »Wittenberge Lutherstadt« die verspätete Starterlaubnis vom Tower erhalten hat und wir nach der Ansage des Pursers unsere Telefonate pflichtbewusst beendet haben, sollten wir eigentlich der irdischen Vorhölle FRA entronnen sein. Zwar kleben wir jetzt noch 45 Minuten bis zur Landung in HAM (Hamburg) mit den Knien an der Sitztasche vor uns, doch für heute sollte unser Bedarf an einmaligem Leben abgearbeitet sein.

Weit gefehlt: Im Briefkasten wartet schon die Endstufe des Zielgruppen-Marketings für Einmalige: »Der Katalog« des Lufthansa WorldShop (www.worldshop.eu). Wer jemals in seinem Leben erfolgreich war, bekommt ihn ab einem Status als Frequent Traveller (FTL), dem Vielfliegerprogramm der Lufthansa, automatisch ins Haus geschickt. Er ist die konkrete Anerkennung für unsere hart erarbeitete Einmaligkeit. Dieser Katechismus des »guten Geschmacks« vereint auf 192 gestylten Seiten alles an Exklusivprodukten, was garantiert elegant, garantiert vernünftig, garantiert solide – und damit garantiert affektiert ist. Es regiert die Poetik des Unanstößigen, des Klinischen, des Rationalen. Um die bizarre Logik hinter dem Blendwerk zu verstehen, ist ein kurzer Ausflug in die Historie des Marketings notwendig:

Bis in die 60er Jahre des vorigen Jahrhunderts war die Konsumkultur davon geprägt, dass ein Erfinder eine Idee hatte, damit zunächst beschwerlich einige und irgendwann ganz viele Menschen ansprach und sich schließlich im besten Fall zum Massenhersteller entwickelte. Irgendwann hatte eigentlich jeder das, was er brauchte. Dies hätte theoretisch zum Kollaps des Wirtschaftssystems geführt – so eine Unzahl an konsumierenden Babyboomern wäre unmöglich zu produzieren, pardon, zu gebären gewesen. Exakt in diesem Moment startete das Credo vom »Marketing« seinen Siegeszug.

Ab den 50er und 60er Jahren ersetzte das Marketing sukzessive die »Reklame«. Einen Begriff, den wir höchstens noch von unseren Omas hören, während sie von guten, alten Zeiten schwärmen. Aber: Reklame »drückt rein«, während Marketing recherchiert! Eigentlich versucht Marketing, die individuellen Konsumbedürfnisse der Menschen zu verstärken. Zu diesem Zweck werden Marktdaten erhoben und tiefenpsychologische Bedürfnisse detailliert erfasst: Arme Studenten locken arme Studenten und arme Omas von der Straße, indem sie ihnen 5 Euro oder eine Tafel Ritter Sport für die Teilnahme an einer Befragung versprechen. Warum? Vielleicht gibt es im Massenmarkt irgendwelche Nischen von Verwendern, die durch das aktuelle Produktangebot noch nicht angesprochen werden. Marketingtechnisch spricht man von der Diversifizierung des Angebotes: Statt Erdbeer-, Vanille- und Kirsch-Joghurt gibt's heute noch Kiwi, Cranberry, Stracciatella und das Ganze noch mit JodS11 oder dem Lactobacillus acidophilus. Damit ist dann auch der Markt der 32-jährigen alleinstehenden Frauen abgedeckt, die mit einem Kind und Hochschulabschluss in gut situierten urbanen Ballungsräumen wohnen.

Marken sind nichts weiter als Produkte, die sich mit einer speziellen Leistung »einen Namen« gemacht haben. Marken sind geronnenes soziales Vertrauen. Sofern unter einer Firmierung über längere Zeit Leistungen in typischer Art und Weise erbracht werden, entstehen unverwechselbare Vorstellungen in den Köpfen der Menschen. Diese sind äußerst konkret: Nivea kann man vertrauen – seit vielen Jahrzehnten. Ein VW fährt zuverlässig. Apple ist cool. Diese prägenden Eigenschaften einer Marke machen sie zu etwas ganz Besonderem. Und wie schon Goethe formulierte:»Nur das Besondere kann man lieben.« Dass Markenartikel für bestimmte Qualitäten stehen, ist ihre *raison d'être*. Wenn allerdings die Markenartikelindustrie meint, nur noch Artikel für immer kleiner segmentierte Nischenmärkte zu entwerfen, den einzelnen Kunden tiefenpsychologisch zu zerlegen, im Idealfall vollständig individualisierte Einzelprodukte für jede Nische herzustellen – dann wird sich in der irrsinnigen Konsequenz irgendwann jeder etwas ganz Eigenes unter einer bestimmten Marke vorstellen. Diese zunehmende Atomisierung der Sortimente führt direkt in die Auflösung des Waren- und Sozialsystems Marke – also in die Vernichtung jeglicher Wertschöpfung.

Einen besonders hervorzuhebenden Nischenmarkt deckt »Der Katalog« ab. Das reich bebilderte Werk ist Zeugnis von Aufstieg und Blaupause, um in der Geschäftswelt garantiert nicht aufzufallen oder seinen geistig-materiellen Zustand aufs Spiel zu setzen. Die programmatische Bandbreite ist allerdings bestenfalls noch mit Radio Vatikan vergleichbar.

Nach der Lektüre dieses »Füllhorns ausgewählter Markenartikel und Dienstleistungen, die Ihr Leben schöner machen« (Eigenbeschreibung) kann man in keiner Lebenslage mehr danebenliegen. Was für den Christen seine Zehn Gebote, ist für die Leistungsträger der Gesellschaft, also die,»die den Karren ziehen in diesem Land« (Zitat Guido Westerwelle), der Lufthansa WorldShop. Heutige Managerlogik findet in den angebotenen Produkten ihre funkelnde Materialisierung. Eine unantastbar vernünftige und souveräne Denke, die bis hin zum CO_2-neutralen Versand mit der Deutschen Post reicht. Wer Produkte aus dieser polierten Distinktions-Auslage kauft, verdeutlicht jedem Gegenüber seine Dazugehörigkeit. Deshalb ist die Bezahlung auch in einer eigenen Währung, den Meilen, möglich. Sie sind das konkret erfassbare Momentum einer Klasse, die sich im wahrsten Sinne des Wortes »oben« bewegt und mit abstrakten Längenmaßen und nicht mit irdischen Talern bezahlt.

Beistelltischchen und Tischfeuerstellen, Allergie-Staubsauger und Lithium-Ionen-Akkubohrhammer, Nudelmaschinen aus verchromtem Stahl und Multiwheel-Bordtrolleys, Sportchronografen und Perlenohrringe – allesamt mit klingenden Namen. Natürlichkeit findet stets kontrolliert statt – selbst wenn es um ein Armband geht: »Die ausdrucksstarken Armbänder der Treibgut Kollektion sind aus 4 mm starken Rindslederschnüren geflochten. Das organische Material findet seinen Gegenpol in der robusten Schließe aus Sterlingsilber.«

Hier kauft keiner, um Bedürftigen etwas Gutes zu tun. Nein, es vollzieht sich ein immens wichtiger sozialer und psychologischer Vorgang: »Der Katalog« bietet Geschenke für Menschen, die schon alles haben. Was für eine Entlastung! Und natürlich für den Eigenbedarf. Einmalige Managerseelen müssen sich jeden Tag mit Pilotenuhren (28 Zeitzonen), Tüchern von Hermès oder ausdrucksstarkem Treibgut einbalsamieren. Das Problem aufseiten der Produzenten besteht darin, dieser anspruchsvollen Klientel ständig neue »nützliche« Dinge oder alte Dinge als nützliche Neuentdeckung zu verkaufen. Der schöne Schein vermittelt nicht den tatsächlichen Nutzwert, sondern erzeugt nur eine Illusion davon. Die ständige Verwendung des Wortes »Design« macht auch der größten Dumpfbacke mit Geld deutlich, dass es hier nicht um Zweckmäßigkeit geht, sondern allenfalls darum, fantastische – also elitäre – Wünsche zu symbolisieren. Sie können auch einfach blind zugreifen, alle Produkte helfen Ihnen, einmalig guten Geschmack zu beweisen.

Der »gute Geschmack« ist mit dem massenhaften Auftreten von Abteilungsleitereliten weitgehend demokratisiert. Geschmack zu haben gehört für jeden Einmaligen zum guten Ton, genauso wie eine gepflegte Ausdrucksweise. Durch das derart verstärkte Aufkommen von Einmaligen ist der Besitz einer Barbour-Jacke nicht mehr dem jagenden Landadel vorbehalten, sie kann jetzt in vielen Kaufhäusern von Möchtegernpolospielern erworben werden. Der gehobene Geschmack hat dank Marketing massengängige Kanäle entwickelt.

Seine Selektionsfunktion hat sich jedoch nicht verändert. In einer Gesellschaft, in der Bewerber bestimmte Parameter erfüllen müssen, um in Großbetrieben und Konzernen überhaupt beginnen zu können, und die Wahl ihres Studiums und ihrer Praktika von der Kompatibilität in Bezug auf spätere Bewerbungsunterlagen abhängig machen, ist es nur konsequent, wenn auch die Wahl des Anzugfutters und der Manschettenknöpfe durchgesetzten Geschmacksmustern entspricht. Die Kunst liegt in der Präsentation: Denn ihr gelingt es im besten Falle, sich trotz Massenhaftigkeit eine Aura von Besonderheit und Exklusivität zu erarbeiten – aber dafür brauchen wir zunächst Vorbilder.

Auch wenn es nach dem Gegenteil von Einmaligkeit klingt: Im Grunde sehnen wir uns nach Autoritäten, denen wir folgen können. Spontan denken und handeln ist anstrengender und gefährlicher, als anderen hinterherzudenken. Oder wie Helmut Schmidt sagt: Es gibt sehr viele Gemachte und es gibt sehr wenige Macher. Genau an diesem zutiefst menschlichen (Schwach-) Punkt setzt »Der Katalog« an. Sein schmal gefächertes Angebot gibt dem Käufer absolute Entscheidungssicherheit. Alle Dinge strahlen zertifizierte Jet-Set-Weltläufigkeit aus, sie wurden von einer renommierten Firma für renommierte Menschen ausgewählt und getestet. Wenn Immanuel Kant behauptet, dass das ästhetische Urteil das einzig freie Urteil des Menschen sei, dann hat der WorldShop zumindest einen Weg gefunden, bei Vielfliegern die Angst vor dieser Freiheit deutlich zu minimieren: Hier gibt es kein falsches Urteil, denn es geht »nur« um Nachahmung.

Die Theorie der Nachahmung entwickelte Gabriel Tarde, ab 1899 Professor für Soziologie am Collège de France in Paris, in seinen »Lois de l'imitation«. Grundsätzlich geht er davon aus, dass Menschen zunächst in ihren Begabungen und Temperamenten unähnlich geboren werden und sich im Laufe des Lebens immer mehr aneinander angleichen. Gesellschaft bedeutet für einen der ersten Think-Tanker Europas zunächst einmal nichts anderes als Nachahmung. Jede Sozialität kristallisiere sich zu Beginn um einzelne Menschen, die besondere Autorität ausstrahlen, so Tarde. Sie herrschen durch ihr Ansehen und bedingen unser Verhalten. Ähnlich einem Schlafwandler denken und handeln wir als soziale Wesen nach anempfohlenen Ideen, und das, obwohl wir uns als autonome Persönlichkeiten empfinden. Tarde schreibt diesbezüglich lakonisch: »Die zivilisierten Völker rühmen sich, diesem dogmatischen Schlaf entkommen zu sein. Ihr Irrtum kann aufgeklärt werden. Die Magnetisierung einer Person gelingt umso rascher und einfacher, je häufiger sie magnetisiert wurde. [...] Fügen wir noch hinzu, dass mit den zunehmenden Möglichkeiten, die sich um den Einzelnen herum eröffnen, die Intensität jedes Einzelnen sich abschwächt und die Notwendigkeit des Auswählens dringlicher wird. Daraus ergibt sich, dass der Fortschritt der Kulturen die Imitation nach und nach persönlicher und überlegter macht.«

»Der Katalog« wurde exakt in dieser Logik entwickelt und ist ein Gipfelpunkt der ausdifferenzierten und durchdachten westlichen Konsumkultur und des Zwangs zur Imitation – auf hohem Niveau. Das Produktportfolio setzt gezielt auf Waren, die eindeutig verpolt sind: Bang & Olufsen-Telefone sind teuer. Rimova-Koffer sind teuer. Ein Weber-Grill ist teuer. Hier wird nur das angeboten, was unmissverständlich als teuer gilt – damit unser Gegenüber sofort weiß: Der Kerl muss Kohle haben. Die Investition soll sich schließlich lohnen. Ob die Dinge persönlich gefallen, ist eher nebensächlich. Früher konnte sich nur die Elite diese (überflüssigen) Dinge leisten. In Zeiten des »demokratischen Premiums«* sind vor allem die Waren erfolgreich, die bis vor Kurzem die Statussymbole von wenigen waren. Die aktuelle Elite differenziert sich schon lange nicht mehr über niegelnagelneue Technikgadgets und trendige Designobjekte von der Masse. Stattdessen trägt man in den feinen Kreisen eher zerschlissene Oberhemden und ausgetretene Lederschuhe und klopft nicht ständig auf einem albernen iPhone 4 herum. Denn heute ist eigentlich nur das Fußvolk ständig erreichbar und telefoniert unerträglich penetrant.

Und so laufen wir alle gleichsam aufgeregt durch die Flughäfen, Sitzungssäle, Messehallen und Kongresscenter und glauben, unser Leben sei etwas ganz, ganz Besonderes ..., selbst dann, wenn wir die Grußbekanntschaften aus dem 7-Uhr-Montags-Flieger urplötzlich im »Kranzbach-Hotel- und Wellness-Refugium« (199 000 Meilen von Sonntag bis Freitag für zwei Personen im DZ) beim Pilates-Kurs wiedertreffen und ernsthaft überrascht sind. Aber was soll man auch erwarten, wenn wir uns zu Beginn des Monats allesamt im Lufthansa Bordmagazin die konsequent trendsettenden Tipps durchgeschaut haben, nachdem der Sky-Talk-Bericht für Juni dem Einvernehmen nach eher langweilig gewesen ist.

Ja, wir sind nur freudig geblendete Menschen in äußerst großer Not. So sei es, auf ewig.

---

* Marketingfachausdruck für Produkte, die zwar im oberen Preissegment angesiedelt sind, sich aber dennoch massenhaft verkaufen.   80

Hier ist nichts heilig: Die Messe

Zu Zeiten eines Caspar David Friedrich wurde angesichts einer besonders schönen Szenerie ausgerufen:»Das sollte man jetzt malen!« Schöne Szenerien machen sich rar in Zeiten von Überbevölkerung, SnowDomes und Musterhausparks an Autobahnkreuzen. – Gerade deshalb finden sich besonders viele sportliche Automobile in Gegenden, die Begriffe wie»Industrieromantik« oder»Kulturhauptstadt« auf sich vereinigen. Je hässlicher die Umgebung, desto intensiver wurde die Entwicklung schneller Autos vorangetrieben. Nicht ohne Grund bezeichnet Peter Sloterdijk die»Dampflokomation« als Mittel der »Raumverdampfung« heute geht es meist ohne Dampf: Mithilfe unseres silbernen Audi TT können wir jeden Tag für einige Momente vergessen, dass wir in Mönchengladbach und nicht in »Sankt Trop« leben. Und das Tolle ist:»Wenn kein Stau ist, bin ich von hier in nur zwei Stunden und zweiundvierzig Minuten an der Nordsee ...« Leider ist irgendwie immer Stau.

Ein PS-starkes Fahrzeug eröffnet vielen Menschen die Möglichkeit, den unbewussten Unzulänglichkeiten der eigenen Persönlichkeit zu entfliehen. Großinvestitionen in das Straßennetz sind also wichtige Anlagen in den sozialen Frieden im Land und damit bedeutsamer als Spielplätze. – Ob unser flachgelegtes Gefährt uns wirklich dabei helfen kann, zu persönlicher Perfektion zu gelangen und dem Einerlei mit 240 km/h auf der linken Spur zu entfliehen?

Der französische Philosoph Paul Virilio meint nein. Er hat vor gut 50 Jahren im Rahmen seiner»dromologischen« Studien (Wissenschaft von der Beschleunigung) sogar darauf hingewiesen, dass Autos umso anonymer werden, je schneller sie sind. Private Dinge wie CDs, Eintrittskarten, Reiseführer oder Mitbringsel verschwinden aus dem Blickfeld, sobald ein Fahrzeug sich in Bewegung setzt. Je schneller ein Auto fährt, desto weniger ist es individuell. Es verschwindet in der Masse der Autos. Wir erreichen also das genaue Gegenteil, wie Virilio weiß: »Der Reiz der hohen Geschwindigkeiten setzt die Identität zugunsten der Konformität herab.« Also nix mit Individualität. Aber warum glauben wir immer noch an die Bedeutsamkeit unseres SUV?

Das Auto steht exemplarisch für den Wunsch breiter Bevölkerungsschichten, sozial eindeutig lokalisiert zu werden: So wie der Jura-Student sein Barbour-Jäckchen spätestens nach dem dritten Semester kauft, der Behördenmitarbeiter im gehobenen Dienst karierte Hemden trägt und Jette Joop nur mit Sonnenbrillen flaniert (sie ist ja Designerin), so sehnen wir uns nach eindeutigen Attributen, die klar machen: Ich habe alles richtig gemacht. Mit dem richtigen Auto können wir uns in die richtige soziale Kaste einkaufen. Das funktioniert allerdings nur, wenn der kommunikative Code von allen beherrscht wird, also sozial konform ist.

Um der Hässlichkeit unserer modernen Umwelt zu entfliehen und persönlichen Erfolg auch materiell sichtbar zu machen, schuf sich der Mensch zahlreiche Scheinwelten. Eine der wichtigsten und am weitesten verbreiteten neben dem Auto ist die Messe. Hier ist jedoch ein unheiliger Ort gemeint, wie wir noch sehen werden. Ausgewiesene Messestädte charakterisiert, dass sie a) hässlich, b) hochgradig versiegelt und c) kulturell irrelevant sind.

Die Größe der Messe korreliert meist mit dem Grad der Unwirtlichkeit der Stadt. Um dieses graue »Außen« auszuschließen, ist das Messegelände mit seinen Hallen ein hermetisch abgeschlossener Raum, zu dem der Besucher zwar innerhalb des Stadtgebietes umsteigen muss, meist jedoch nur noch in den Messeshuttle. Das alles aber, ohne irgendetwas anderes wahrzunehmen – außer dem Restaurant und der Kollegin hautnah.

Urbau aller Messehallen ist der sogenannte »Kristallpalast«.

Diese riesige Gebäudehalle aus Glas und Eisen wurde am 1. Mai 1851 im Beisein Königin Victorias anlässlich der ersten Weltausstellung im Londoner Hyde Park eröffnet. Innerhalb von sechs Monaten nach der Eröffnung besuchten sechs Millionen Menschen dieses als »Weltwunder« bezeichnete Bauwerk. Zahlreiche Schriftsteller und Wissenschaftler werden von seiner Ästhetik und Funktion bis in die heutige Zeit beeinflusst.

Wie einst im Kristallpalast, so herrscht heute in Messehallen ein ewiger Frühling: Unsere Garderobe können wir im Eingangsbereich für 2 Euro abgeben. Soziologisch betrachtet, wirkt hier die Harmonie von Zweck und Stil – kurz, ein in allen Disziplinen klimatisiertes und vollständig steuerbares Luxusgehäuse. In den einschlägigen Messemagazinen, herausgegeben von den Veranstaltern, finden sich weltharmonische Entsprechungen, die sich an den Illustrationen der Wachtturm Bibel- und Traktat-Gesellschaft der Zeugen Jehovas e. V. orientieren dürften. Im zweckmäßigen Konsens mit den Besuchern stellt die Messe eine soziale Kristallisation dar: Es ist klar, warum man dort ist. Die Rollen sind verteilt: Verkäufer, Käufer, Berichterstatter, Laien und hostessige Bespaßerinnen.

Eigentlich sind Messen eine definierte Form sozialer Erstarrung. Ohne nach- oder mitzudenken, werden wir in vorgegebene Bahnen gelenkt. So können sich alle auf das Wesentliche konzentrieren. Aber was ist das? Andy Warhol soll folgenden Satz gesagt haben: »Das Schönste in Tokio ist McDonald's. Das Schönste in Stockholm ist McDonald's. Das Schönste in Florenz ist McDonald's.« So ist es eben mit den Menschen. Sie lieben das, was sie kennen. Im »Lob der Wiederholung« hat der Theaterkritiker Benjamin Henrichs geschrieben: »Der Mensch ersehnt sich furchtsam das Neue, doch wahrhaftig liebt er nur das Alte. Das Neue macht uns nur neugierig, die Wiederholung aber süchtig.«

Jedes Jahr schauen Millionen Menschen »Dinner for One« – und im nächsten Jahr wieder. 80 % aller Waren, die wir aus dem

Supermarkt herausschieben, schieben wir seit Jahren heraus, 60 % aller Neufahrzeuge werden hierzulande in den Farbtönen Schwarz, Grau oder Silber ausgeliefert. Was meint der Philosoph und Komiker Douglas Adams dazu? »Alles, was es schon gibt, wenn du auf die Welt kommst, ist normal und üblich und gehört zum selbstverständlichen Funktionieren der Welt dazu. Alles, was zwischen deinem 15. und 35. Lebensjahr erfunden wird, ist neu, aufregend und revolutionär und kann dir vielleicht zu einer beruflichen Laufbahn verhelfen. Alles, was nach deinem 35. Lebensjahr erfunden wird, richtet sich gegen die natürliche Ordnung der Dinge.«

Habitualisiertes Verhalten ersetzt eine aufwendige Prüfung und macht uns in unserem Auftritt sicher und durchsetzungsstark. Die Messe ist also ein idealer Ort, um dem alltäglichen Chaos zu entfliehen und den Anforderungen »da draußen« zum Trotz durchzuatmen. Hier ist alles geordnet und klar. Jeder füllt nur die ihm zugedachte Rolle aus. Endlich können wir wir selbst sein: einmalig und stark, ohne dass es Mühe kostet.

Zusätzlich helfen uns bekannte Interpretationsmuster, unser Kollektiv zu stabilisieren. Wir wollen die komplexe Außenwelt verstehen und bewerten. Indem sich die eigene Sippe gegen alle anderen abgrenzt, erfahren wir Selbstbestätigung und bekommen ein Gefühl von Sicherheit. Jedes Individuum hat also das Bedürfnis, Dinge aus der eigenen Sicht zu ordnen, sein Ge- oder Missfallen an den Dingen auszudrücken. Ohne bereitliegende Denk- und Handlungsmuster wäre das ein unmögliches Unterfangen. Was hier wirkt, sind Vorurteile, von denen Albert Einstein einmal behauptete: »Ein Vorurteil ist schwerer zu spalten als ein Atom.«

Doch ab und zu gerät die heile Messewelt aus ihren Fugen. So gab es auf einer Messe kürzlich eine Protestaktion: Ambitionierte Umweltaktivisten stürmten einen Ausstellerstand und konfrontierten die anwesenden Manager mit ihrer Ablehnung der verwendeten Rohstoffe. Für einen Moment fiel die Szenerie aus der Zeit. Der Lärm und die unkontrollierten Aktionen von Demonstranten und Sicherheitspersonal durchschnitten den Schleier der Eindeutigkeit und ließen alles unwirklich und filmisch erscheinen. Die Zielgerichtetheit hatte sich aufgelöst, weil der Konsens zerstört wurde. Derartige Aktionen sind im 21. Jahrhundert allerdings die Ausnahme – deshalb ist ihr Aufkommen für alle Beteiligten umso verstörender.

Aber als kalte Dusche zwischendurch vielleicht gar nicht schlecht. Das findet auch Fjodor Dostojewskij. Er glaubt, dass die Erstarrung das Böse heraufbeschwöre. Er verweist bei dieser These auf Adam und Eva: Der Sündenfall als ein Ergebnis von Harmonie, die sich auf Messen – zumindest so ähnlich – ständig wiederholt. Messen werden auf diese Weise höchst religiös verortet. Es ist nur konsequent, wenn sich die Reflektionen der Aussteller wie Schilderungen aus dem Kirchentag-Himmelreich lesen:»Der Andrang war wieder einmal überwältigend und wir konnten eine Menge guter Gespräche führen. Auch dieses Jahr haben wir uns entschieden, einen Erlebnisstand (der fast schon Kultstatus genießt) zu schaffen, der einiges zu bieten hatte und zum Verweilen einlud: Neben den Shiatsu-Liegen zum Entspannen, der Sektbar, war ein zusätzliches Highlight der Auftritt der Band ›Cordless‹, die mit rockigen und stilvollen Nummern für Stimmung sorgte.«

Messen sind unsere neuen Heiligtümer, die Schutz bieten vor der bösen, chaotischen Welt. Hier hat alles seine schöne Ordnung. Hier herrschen durchgängig positive Vibes. Auf der Messe wird sich ausgetauscht und neue Inspiration gesucht. Dieses einzigartige»Messefeeling«, eine Mischung aus Euphorie und Aufregung, am ehesten noch mit dem Lampenfieber von Schauspielern vergleichbar, ergreift jeden Exportkaufmann und macht ihn auf seiner Verkaufsfläche im Lichtkegel der Halogenstrahler zu Hamlet höchstpersönlich. Die hübschen Messehostessen bilden die dazu nötige, aber eigenartige Staffage. Ihre

Schönheit ist der Sauerstoff für die frischluftarme Messe-Verkaufskultur.

Für motivierende Stimmung sorgen jedes Jahr auch die Pressemitteilungen der Messeorganisatoren, die schlagbohrhammerartig festhalten, dass Besucherzahlen »wachsen«, Konjunkturprogramme »greifen«, Konsumenten »fordern« und Besuchersynergien zu »nutzen« sind. Die Welt existiert im Messekosmos ausschließlich als Verb.

Der tägliche Messestart wird durch messeeigene Radiosender untermalt, welche die weit verzweigten Gänge zwischen den einzelnen Hallen mit »The Final Countdown« beschallen und dafür sorgen, dass auch ich nur noch kaufen und verkaufen will. Ja, hier wird nicht Geschäft gemacht, sondern *Biiisnisss*. Vertriebler feiern sich und ihren Stand und machen jedem deutlich, wie viel sie verkaufen könnten, wenn »die da oben« (Anm.: die Geschäftsführung) endlich mal auf sie hören würden.

In der Messe-Atmosphäre verdichtet sich der ansonsten höchst komplexe Vorgang von Entwicklung, Produktion, Warenbeschaffung, Logistik, Vertrieb und Marketing auf jeweils wenige überteuerte Quadratmeter und Funktionsträger. Hier heißt es nicht: »Ich mache Sie mit Carsten Friedrich bekannt«, sondern einfach »Darf ich vorstellen, unser Key-Account«. Alle Beteiligten sind Organe des Erfolges, deren Auftritt gekonnt, eloquent und manikürt ist. Kurz: Sie sind ebenso funktionaler Schein wie die auf- und abbaubaren Messebauelemente. Ein Schein der in schlimmster Weise zusammenbricht, sobald nach drei, vier oder fünf Tagen eine Stimme aus dem Off das Ende der diesjährigen Messe verkündet und hofft, man sei »erfolgreich gewesen«.

Dann gehen die Halogenstrahler aus, die funkelnden Auslagen verlieren ihren Glanz.

Dann werden die aufwendig dekorierten Trennwände wieder abgebaut.

Dann zieht der Aussteller seinen Anzug aus und sein Baum-
fällerhemd an.

Und dann sind plötzlich alle wieder Menschen.

Soziale Vernetzung ohne soziale Verbindung: XING und Facebook

DER BERUF: XING

Ihre 1100 »direkten Kontakte« kennen selten mehr als Ihr mit
Photoshop verschlanktes und faltenfreies Bild. Sie haben kaum
jemals mit einem davon direkt kommuniziert. Das ist XING.
Hier werden Perfektion und Einmaligkeit vorgetäuscht, bis die
dünnen Netzwerk-Tentakel vollends reißen. Der graueste Mäus-
erich wird mit Einrichtung seines XING-Profils zum buntesten
Pfau, und kein Jurist schaltet sich ein – obwohl fast alle dort
Juristen sind (Halb-, Voll- oder Viertel-). Eben noch Langhaar-
Bambulist, jetzt schon geschorener und passionierter Opern-
kenner, der jeden Tag neue Kontakte »generiert«. Wenn XING
die Wahrheit wäre, dann tönten nur noch Mozart-Arien aus dem
Radio und DJ Häkelmütze-Ötzi hätte noch keine Hitparade von
oben gesehen. Goethes Faust-Duologie würde jeden Vampir
von Platz 1 und 2 der Bestsellerlisten schlagen und niemand
einen Stakeholder für eine Person halten, die ein Steak hält. Unsere drei Bücher von Dan Brown mutieren auf XING zu einer
illuminierten Präsenzbibliothek für moderne Literatur.

Dank erdachter Referenzen und angetäuschten Bildungs-
bürgertums entstehen hier geschmeidige Persönlichkeiten wie
am Fließband. Auf dieser Plattform lebt und verwaltet sich der
»Geist von Malente«: Viele talentierte Egoshooter, die alle ein
Gefühl von unbedingtem Siegeswillen ausstrahlen. Alle befinden sich in der konzentrierten Vorbereitung auf etwas ganz
Großes, das in unmittelbarer Zukunft liegt, aber noch final gene-

riert werden muss. Problem ist, dass die Vorbereitung und Generierung* niemals ein Ende findet.

Regelmäßig werden Netzwerk-Neuigkeiten abgesondert, wodurch persönliche wie körperliche Befindlichkeiten (*Hartwig Missfeldts* Stuhlgang ist seit Dienstag extrem hart. Ich muss mir jetzt wohl noch schnell Elektrolyte besorgen!) und Aktionen (*Ludwig Hausmann* ärgert sich seit 3 h im Stau auf der A5. Können die nicht nachts bauen?) eine Relevanz erhalten, die eines Postertoy-Nationalspielers ebenbürtig sind. Auffällig ist, dass alle Spieler ihre Arbeit so inbrünstig wie kompromisslos lieben und sich über einfach alles freuen:

Christoph Nestler freut sich auf eine Woche voller Termine!

Lisa-Antoinette Krause freut sich auf den nächsten Pitch!

Sarah Buhrmann freut sich über ihre Nominierung zum Wettbewerb »IT-Frau des Jahres«.

Peter Postler freut sich auf neue Herausforderungen im Bereich Lean Management (dessen Opfer er gerade geworden ist).

Hans-Christian Andersen freut sich über die »red dot«-Ausstellung in Basel und über den märchenhaften »design award«, den er dort gewonnen hat!

Emanuel Kant freut sich über die leckeren Königsberger Klopse, die es heute in der Kantine gibt. Eine zweite Portion will ich da nicht kategorisch ausschließen!

Die XING-Netzgemeinschaft hat das Leben als ständige Herausforderung angenommen. Der kalten Leistungsgesellschaft muss allzeit positiv und leistungswillig begegnet werden, um sie sich warm zu halten. So wie Schreiner und Filmemacher David Hamilton seine zärtlichen Cousinen mit Butter auf der Linse weichgezeichnet hat, so wischt XING unsere beruflichen Abstürze weich – Hartz Vier wohnt nicht hier. Es weiß aber auch niemand, wo der Herr Vier arbeitet. Die einzigen Ecken im Lebenslauf sind die vier rund ums Portraitbild.

* Häufige Verwendung des Wortes »generieren« (egal in welcher Form) macht unbedingte Professionalität und Insiderwissen der Verfasser deutlich.

Alles ist erlaubt, solange es nur in die enge XING-Schablone passt. Rammstein darf lauten Lärm machen; wir dagegen lärmen maßvoll, damit ja niemand sich abgestoßen fühlt. Weich gespült und glatt gleiten wir durch die perfekte Welt von XING. Resultat des eisigen Gegenwindes, der uns klamm werden lässt. Dagegen wärmt Canada Goose® im Winter, im Sommer nutzen wir den Sturm, um zumindest privat Aufwind zu spüren: Wir fahren nach Pelzerhaken zum Kitesurfen – manchmal sogar direkt nach dem »Office«. Dabei bleiben wir in jeder Lebenslage ernsthaft bemüht: Während der Kitelenkdrachen unkontrolliert in Richtung Skagen rast (mit uns allein als Passagier), befolgen wir die aus Hubschraubern gebrüllten Anweisungen der deutschen und dänischen Wasserwacht während der Rettungsaktion mit Sorgfalt. Trocken zurück im Büro gehört es zur professionellen Fleißarbeit, dass wir bei 739 XING-Kontakten zu einzelnen Profilen Tags vergeben, um zu wissen, ob das jetzt noch unser Zahnarzt oder schon der Proktologe ist.

Unabhängig von unterschiedlichen beruflichen Schwerpunkten verfolgen wir XINGler identische Ziele. Ziele, die von unserer guten Erziehung Zeugnis geben – auch wenn XING sie zeitsparend vorformuliert hat (nur Anklicken): Warum ich auf XING bin: Mein Netzwerk pflegen (!), alte Bekannte und Kollegen wiederfinden, an Events teilnehmen, an Karrierechancen interessiert.

Diese zunehmende Verquickung von Privat- und Berufsleben ist nicht neu. Dass sich die beiden immer weiter annähern, sieht Theodor W. Adorno bereits im Jahr 1951. In seinem Werk »Minima Moralia« beschreibt er, wie sich das Privatleben zunehmend den Ansprüchen des Kommerzes und allgegenwärtigen gesellschaftlichen Hierarchien unterordnet. Jede Beziehung wird seiner Beobachtung nach zunehmend zweckbezogen, weil sie es primär auf weitere Beziehungen abgesehen hat. Das hat Folgen für den persönlichen Auftritt: »Die Irrationalität des

Systems kommt kaum weniger als im ökonomischen Schicksal des Einzelnen in dessen parasitärer Psychologie zum Ausdruck. Früher, als es noch etwas wie die verrufen bürgerliche Trennung von Beruf und Privatleben gab, der man schon fast nachtrauern möchte, wurde als unmanierlicher Eindringling mit Misstrauen gemustert, wer in der Privatsphäre Zwecke verfolgte. Heute erscheint der als arrogant, fremd und nicht zugehörig, der auf Privates sich einlässt, ohne dass ihm eine Zweckrichtung anzumerken wäre. Beinahe ist verdächtig, wer nichts ›will‹.«

XING ist eine konsequente Fortentwicklung – es gibt keine wirkliche Trennung von Berufs- und Privatsphäre mehr, jede hier getroffene Aussage muss sich der Erweiterung von Kontakten unterordnen – egal ob es um glatt gebügelte Hobbys, Interessen oder Qualifikationen geht. Unser Netzwerk wird »gepflegt« und beschnitten, wie ein elektronischer Schrebergarten, der irgendwann Früchte tragen soll. Wir pflanzen und ernten Kontakte und achten sorgfältig darauf, dass kein soziales Unkraut unser Profil verunreinigt.

Würden sympathische Menschen einer solchen Gemeinde, deren offizielle Bezeichnung immerhin »Soziales Netzwerk« lautet, beitreten? Sicher nicht. Während Scientology in Europa von der öffentlichen Meinung vehement verfolgt wird, bleibt XING unbehelligt. Möchten Sie privat mit einer Person am handgeschmiedeten Azteken-Feuertopf sitzen und einen guten Riesling trinken, die ihnen folgendes Angebot formuliert: »Ich biete: Koordination Ihrer Neukundengewinnung per Stand-alone E-Mail, Leadgenerierung für eigene Mail-Verteiler, Postmailing und Paketbeilagen, vielfältige Erfahrungen im Direktmarketing, besondere Kompetenz in den Bereichen: Adressmanagement, Datenbereinigung, Neukundengewinnung, Scoring, Datenanalyse, Kundenprofile, Listbroking, Adressen, CRM, Direktmarketing Fachwirt, Verbindung von Direktmarketing und Forderungsmanagement, internationales Direktmarketing«?

Dem wirtschaftswissenschaftlichen Außenseiter hilft ein möglichst frisches Marketing-Lexikon beim Übersetzen oder entschiedenes »Ausloggen«. Dementsprechend sind Aschkenasen in dieser Welt, wo Obst in Schalen wächst, weitgehend unbekannt; aber was ein Asset Management System ist, wissen wir alle: Es hilft uns bei der Nachverfolgung und den Kosten. Wer jetzt sprachlos ist, dem hilft die dynamische Telefonfitnesstrainerin Mareille Müller: »Ich biete: Praxisorientiertes, wirkungsvolles Telefontraining »Bei Anruf Absatz!« in Deutsch, Englisch und Mandarin. Themen: Premium-Telefontraining in puncto Kundenorientierung und Kommunikation, Telefon-Vertriebstraining oder Telefon-Akquisetraining (möglich mit Baustein Empfehlungsmarketing). Mögliche Schwerpunkte: Zufriedenheitsumfragen, Kundenrückgewinnung.« Ihr Angebot hat dem modernen »Fräulein vom Amt« 429 Kontakte generiert; das ist nichts gegen den Nachfrageboom, den es beim Taubstummenverein auslöste.

Das Vernetzen von profilgewordenen Menschen wird gleichgesetzt mit dem Generieren von Neugeschäft, daher wahren einige den Schein, dass sie tatsächlich Dinge suchen (sie aber eigentlich nur bieten). Möchten Sie mit einem Virologen seinem größten Hobby »Sauna und Schwimmen« nachgehen? Sich mit jemandem austauschen, der gerade bekannt gegeben hat, dass er am 17.07. am Termin »Mehr Fitness für Ihre Synapsen« teilnimmt? Unter Interessen werden gerne »Meine Supertöchter Friederike und Clara-Lara« eingetragen. Manchmal auch unter Auszeichnungen ...

Einige Teilnehmer gehen mit ihren falschen Angaben deutlich zu weit: Sie geben vor, persönlichen Austausch zu suchen mit anderen Experten aus dem eigenen Fachgebiet. In Wirklichkeit sucht hier selbstverständlich niemand irgendetwas, erst recht keinen Experten, der uns zutextet mit Dingen, die wir doch längst selbst wissen: Denn echte XING-Avatare sind überzeugt, dass sie die Einzigen sind, die das professionelle Ei des Columbus gefunden oder es höchstpersönlich ausgebrütet haben. Aber – und das ist die Crux – alle in diesem Pott hoffen, selbst gefunden zu werden: als einmaliger Erfolgsmensch, als Liebhaber/in, als Geschäftspartner/in, als Arbeitnehmer usw. Der Haken: Ein entscheidender Unterschied zu anderen Internetplattformen ist, dass bei XING für jedes Premiummitglied ersichtlich ist, wer auf dem eigenen Profil war. Dies ist ein Hemmstiefel mit hohem Schaft: Welches der ca. 9 Millionen Mitglieder, d. h. welche der veritablen 9 Millionen »Führungskräfte mit Personalverantwortung« würde zugeben, dass sie Zeit hat, sich für andere Personen zu interessieren oder ganz profan nachzuschauen, welche Hirne aus dem Abijahrgang es noch in die Erfolgsorgie geschafft haben? Wir sind ja nicht bei XING für geschäftliche Neukontakte, sondern für persönliche Party-Altkontakte (die hoffentlich niemals erfolgreicher sind als wir selbst). Dann lieber sämtliche mühselig recherchierten Namen anonym googeln, so muss niemand Angst haben, seine erstaunliche Anzahl von völlig erschlafften Internet-Leerstunden am Arbeitsplatz offenzulegen.

Erwähnenswert ist, dass »Zurückklicken« akzeptiert ist: Wenn sich also jemand getraut hat, den ersten Klick auf mein XING-Profil zu wagen, darf bzw. muss ich aus Gründen der Professionalität irgendwann zurückklicken (mindestens zwei Werktage Abstand lassen!). Da Wichtigkeit im 21. Jahrhundert ausschließlich anhand von Zahlen gemessen wird – andere Parameter zwingen zum Nachdenken oder gar Innehalten –, müssen wir für ausreichend Kontakte und »Traffic« auf unserem Profil sorgen. Eine Möglichkeit: Nach Meetings, Seminaren, Vorträgen vernetzen wir uns mit allen Anwesenden. Hunderte Personen, mit denen wir Stahlstich-Visitenkarten wie Paniniklebebildchen austauschen: »Gibst du mir einen Top-25-Vorstandsvorsitzenden, bekommst du von mir sechs Brandmanager und ich lege noch einen Audi-Accountmanager oben drauf.« Aus jedem Gespräch tönt die größte und einfachste Managementlüge: »Extrem spannend, Ihr Ansatz. Ich sehe enormes Potential für eine Zusammenarbeit. Lassen Sie uns allerspätestens Dienstagvormittag nächster Woche telefonieren.« Konsens ist, dass man sich niemals wieder hört oder sieht (höchstens im Vorbeilaufen bei einer anderen Konferenz). 1-A-Netzwerk – leider ohne soziales Netz und irgendeinen Boden. Solche Social Networks bilden eine willkommene Mischung aus sozialer Nähe und persönlichem Größenwahn: Keinerlei persönliche Verpflichtungen, aber alle Idealvorstellungen vom perfekt modellierten Über-Ich können hier ausgepackt werden. Bei einem solch einmaligen Angebot macht jeder gerne mit. Der vom grummeligen Friedrich Nietzsche geprägte Begriff des »Übermenschen«, der voller Willenskraft, Vision und Tatendrang steckt und so allen anderen Menschen weit überlegen ist (und in einer Reihe steht mit Julius Cäsar oder Napoleon Bonaparte), findet auf XING seine Realisierung – massenhaft. Aber würden Sie gerne den kleinen Napoleon oder den Großen Alexander anrufen, wenn Sie mal ein echtes Problem haben?

Einmalige Business-Wörter und ein Business-Unwort
Generieren: Im geschäftlichen Gespräch bzw. Monolog das wichtigste Wort überhaupt. Füllt jede Floskel bis obenhin mit Kompetenz ab und suggeriert dem Gegenüber absolute und bildungsnahe Seriosität. In Zeiten wirtschaftlicher Flaute ist nur das Wort »**optimieren**« hierzu konkurrenzfähig (auch als Substantiv einsetzbar), naturgemäß wird es gerne von Beratern genutzt. Auf höchster Managementebene werden Statusberichte von Untergebenen gerne mit dem Wort »**exzellent**« abgehandelt bzw. abgewürgt.
Das Unwort, welches Arbeitsleistungen und Bemühungen von Einmaligen zerschmettert, lautet »**unprofessionell**«. In der

heutigen Zeit die stärkste Herabwürdigung eines Menschen, vergleichbar einer Autopanne, die im 21. Jahrhundert gleichbedeutend mit Armut ist, weil sie jedem ersichtlich macht, dass der Betroffene das Geld für Inspektionen und die damit verbundene Einhaltung der Garantiebestimmungen nicht besitzt (oder ein studentisches Uraltauto fährt, dann aber nicht als Mensch zählt). Jemand, der so handelt, ist unprofessionell. Einzige akzeptierte Ausnahme: Eigentümer von nagelneuen deutschen Luxuskarossen, die aufgrund von Elektronikproblemen gar nicht zum Termin erscheinen.

Ohne Worte

So, wie die E-Mail das persönliche Gespräch ersetzt hat, so haben XING und Facebook die schriftliche Kommunikation beerdigt. Kontakt- wie Freundschaftsanfragen gehen absolut wortfrei vonstatten, bei Facebook ist ein Wortbeitrag nicht einmal möglich. Romantisch: Freundschaft, die ohne Worte auskommt – dafür brauchen frisch Verheiratete oft ein ganzes Jahr. Wenn sich gefühlte 100 Jahre nach dem Abi ein alter »Sauf-Buddy« wiederfindet, wird eine Kontaktanfrage gesendet, die Anfrage vom Gegenüber per Klick bestätigt. Beide Seiten sind sich zu jedem Zeitpunkt wortlos einig, dass weitere Kommunikation nicht notwendig ist: Männerfreundschaft par excellence. Falls es wider Erwarten zum Schriftwechsel kommen sollte, so haben sich dafür im Verbund mit der SMS stark vereinfachte Regeln durchgesetzt. Diejenigen der angepeilten Zielgruppe sollten bekannt sein, wie ein trauriges Beispiel beweist: Eine neugierige Lehrerin hatte sich unter einem jugendlichen Pseudonym bei der Internetplattform SchülerVZ eingeschlichen, um sich der Jugend anzunähern. Sie wurde innerhalb von sechzehn Sekunden als Erwachsene enttarnt und ausgesiebt – der Fehler: Sie beachtete die Groß- und Kleinschreibung. Da hieß es *lol* im Schüler-Netzwerk (laughing out loud).

Apropos Abk. und Kommunikation: SOKO bedeutet im XING-Universum nicht Sonderkommission, sondern bezeichnet eine Gruppe, die sich das Erlernen sozialer Kompetenz auf die Fahnen geschrieben hat. Ihr Motto:»Sozialkompetenz kann erlernt werden – muss aber erlernt werden.« Aha! Was Mama und Papa in 40 behüteten Jahren nicht gelungen ist, das wird diese Gruppe bestimmt richten. Wer die ständig aktualisierten Statusmeldungen aus seinem Netzwerk liest (s. o.) oder über wortleeren Kontaktanfragen brütet, fragt sich, warum der lustige Haufen nur 17 000 Mitglieder hat. Selbst »Die drei Fragezeichen« haben 3000 Mitglieder.*

Willkommen also im Permafrostgebiet der Kommunikation: Tausendmal berührt, tausendmal ist selbstverständlich überhaupt nix passiert – aber ganz am Anfang, da hat es einmal XING gemacht: beim Kauf der Premium-Mitgliedschaft. Apropos Anfang: Die ältesten Teilnehmer der XING-Disziplin sind nur im Direktgespräch identifizierbar – immer wenn die Rede auf XING kommt, setzen sie den Satz ab:»Ich war ja schon dabei, als es noch Open BC hieß« (Open Businessclub). Weil Marketing davon ausgeht, dass wirtschaftlicher Erfolg absolute Profillosigkeit voraussetzt, wurde Open BC durch ein aalglattes Kunstwort ersetzt, mit dem wirklich niemand Böses oder Konkretes verbinden kann. Exakt in diesem unangreifbaren Management-Sinne proklamiert XING-Founder Lars Hinrichs die Umbenennung:»Wir bauen auf einen Namen, der im internationalen Wettbewerb funktioniert und bestehen kann. Im Chinesischen hat er eine tolle Bedeutung (»can do«,»es ist möglich«), für uns Europäer ist er einfach, kurz und prägnant, und auch im Englischen liegt die Bedeutung auf der Hand.«** Auf Englisch ist Xing die Abkürzung von Crossing, einer Kreuzung: Wie oft haben Sie an einer Kreuzung eine geschäftliche

* »Justus Jonas, Peter Shaw und Bob Andrews aus Rocky Beach – für viele sind *Die drei Fragezeichen* die Helden der Kindheit und bis heute regelmäßige Begleiter auf langen Autofahrten oder beim allabendlichen Einschlafen :-)« aus: XING-Gruppe »Die drei Fragezeichen«

** Lars Hinrichs in einer offiziellen Stellungnahme auf XING zur Umbenennung der Internetplattform..

Bekanntschaft geschlossen? Meistens sind wir heilfroh, wenn die Ampel grün wird und wir endlich wieder Gas geben können ...

Zwischen all diesen abstrakten XING-Traumschlössern und Hohlphrasen würden wir uns schon über eine einzige konkrete, aussagekräftige und nachvollziehbare Statusmeldung freuen: *Christian Leifheit* hatte heute beim Aufstehen eine heftige Morgenlatte. Er wäre fast zu spät gekommen (ins Büro – trotz Gleitzeit).

DIE BERUFUNG: FACEBOOK

Facebook funktioniert als Antipode zu XING: Eben noch Beruf, jetzt schon Berufung. Eben noch sanfte Tulipan-Seidenkrawatte, jetzt brutales Krokodil-Polo oder, zum Reinbeißen wild, mokkabraunes T-Shirt. Das duale Vorgehen erinnert an branchenübergreifendes »Co-Branding«, d. h., eine Leistung soll durch zwei Marken verstärkt verankert werden: Jeder ein Markenexperte, der mit einer Chuzpe seine Ich-Marke entwickelt, die sich der Konzern, für den man »schafft«, nur wünschen könnte.

Wer sich durch die Bilder Tausender fremder Facebook-Freunde klickt, bemerkt schnell, dass die an diesem Ort virtuell Versammelten Paul Gauguin* leben – ein Bilderbuchdasein, das Konstantin Wecker lyrisch für die Facebook-Gemeinde zusammenfasst:

>*»Du, ich lebe immer am Strand*
>*unter dem Blütenfall des Meeres.*
>*Du, ich sag ein Lied in den Sand,*
>*ein fast vertraut imaginäres.«*
(Ich lebe immer am Strand, Konstantin Wecker)

Die Darstellung nackter Brüste oder anderer Geschlechtsorgane ist hier zwar nicht akzeptiert, aber das reale Leben der Menschen hinter den Profilen spielt sich scheinbar komplett am Strand ab. Einzig die allgegenwärtige Sonnenbrille enttarnt uns als Bohemiens der Neuzeit (oder als gemeine Stubenfliege). Sie muss als Konkretisierung von Urlaub und never ending Lässigkeit herhalten. Für Männer ist ein großer, von Tom Cruise inspirierter Top-Gun-Lookalike-Contest am Laufen (Modell: Ray-Ban Aviator), für Frauen zählt allein die Größe – klar! Abgerundet wird das private Strandportrait durch einen lässig-geschlungenen Sylt-Kringel (Pullover um Schulter). Ab November zieht die quirlige Karawane für einige Monate in Richtung Snowboardpisten. Neben waghalsigen Brett-Aktionen (»Corkscrew«) sind Après-Ski-Hüttenzauber-Bildchen mit gestapelten Umarmungen gefragt. Sommer- und Winterzeit lassen sich auf diese Weise in der »Community« auf den ersten Blick ablesen. Einzelne Facebook-Mitglieder, die ihre Persönlichkeitsmarke als kunsthistorisch-interessiert verankern möchten, lassen sich vor jeder Stadtsilhouette ablichten, welche die Toskana hergibt (z. B. Juristinnen, Sachbearbeiter und alle, die leiden, weil ihr Job nicht CD, Kurator oder Galerist ist). Ein Tipp, falls gerade keine Toskana greifbar ist: Rotweinglas in der Hand, offenes Hemd, Cordsakko und Halstuch verfehlen ihre Wirkung nie.

Dort solider XING-Ernst, hier exzessiver Facebook-Rock'n' Roll. Und das bedeutet, sich selbstbewusst Herausforderungen zu stellen, welche der »normale« Beruf niemals bieten kann. Alle sind eigentlich Hauptstadt-DJs (Resident), Drummer, Reinhold Messner, Richard Branson oder Mutter Teresa. Außerdem Reiki-Experten, PETA-Aktivisten, Reisefotografen, Filmemacher, Zeitzeugen, dabei auf jeden Fall aufrichtig liebende und bewusst lebende Menschen. Jeder ist Philosoph, Nasenbär, Guru, irgendetwas außerhalb von Masse: »Gerade weil ich mich den ganzen Tag nur mit Zahlenkolonnen beschäftige, habe ich die TM® (Transzendentale Meditation*) für mich entdeckt. Ohne das würde ich komplett durchdrehen.«

Mit Facebook haben wir Montmartre, Greenwich Village und Grünerløkka im Haus, eigentlich können im Wohnzimmer naive Aquarelle verkauft und im Schneidersitz Didgeridoos bis zur Ohnmacht geblasen werden. Eben noch promovierter Rechtsanwalt mit Maßanzug, jetzt schon Rautenpullunder-Poetry-Slam-Poet auf dunklen Kleinkunstkellerbühnen. Einmalige im Angestelltenverhältnis haben inzwischen verinnerlicht, dass besser keine bunten Eigendrehs aus dem Darkroom ausgestellt werden, sie konzentrieren sich darauf, eine adäquate Facebook-Traumfigur zu ihrer XING-Kunstfigur zu modellieren: Ein Leonard-Cohen-YouTube-Video geht immer. Mit besonderem Stolz werden coole Grungebands entdeckt, deren einmaliges Potenzial bisher nur von mir und 234 Personen in British Columbia erkannt wurde. Nebenbei muss jede Fahrradtour durch den Offenbacher Stadtwald medial verbreitet werden. Weil wir uns während eines San Diego-Aufenthalts intensiv mit mexikanischen Tortillafladen beschäftigt haben, gründen wir die Burrito-Seite. Jack Kerouacs »On the Road« als Lieblingsbuch anzugeben macht uns zu tiefgründigen Asphalt-Cowboys mit Teer in der Lunge und Beat im Blut. Paulo Coelho als Lieblingsautor zu bezeichnen macht uns gemeinsam mit 905 707 weiteren Facebook-Profilen zu sensiblen Diogenes-Poeten, deren philosophisch einmaliger Geschmack in 68 Sprachen auf Freunde trifft.

Diese Form der Aura-Übertragung ist das entscheidende Funktionsmerkmal von Facebook. Ich kann mir meine Persönlichkeit aus zahlreichen Bausteinen ermogeln und die Lebensleistung anderer mit einem Klick absaugen. Für Wahrheit oder Authentizität ist in diesem Spannungsfeld kein Platz. Dafür ist klar erkennbar, wie jeder Mensch gerne wäre. Oder wie es der japanische Schuhhersteller ASICS als Marken-Akronym formuliert: Anima Sana In Corpore Sano. – Eine kranke Tierin wohnt in jedem gesunden Körper – oder so ähnlich.

Kindlichkeit kennt keine Altersgrenze

Hört dieser Drang nach spielerischem Expressionismus des eigenen Ichs nie auf? Werden wir irgendwann erwachsen? Psychologen, unter ihnen der US-amerikanische Entwicklungspsychologe Erik Erikson (der nichts mit Sony zu tun hat), nehmen an, dass die Kindheit (im Gegensatz zum Alter) eine besondere Entwicklungsdynamik hat. Zum Ende der Jugendphase ist nach Erikson das Ziel dieser Entwicklung erreicht und die »Ich-Identität« des einzelnen Menschen gefestigt. Wir können einigermaßen selbstbewusst und verantwortungsvoll unser Leben steuern.

In seinem berühmten Hauptwerk »Kindheit und Gesellschaft« von 1950 unterscheidet Erikson zwischen acht Phasen der Identitätsentwicklung. Die Phasen reichen vom Säugling bis ins hohe Alter. Jede der Phasen beinhaltet auch »psychosoziale Krisen«, aber das Modell unterstellt, wie es damals üblich war, dass mit Erreichen des Erwachsenenalters eine höhere psychosoziale Stabilität eintritt – quasi automatisch.

Aber was passiert, wenn die Kindheit nie mehr endet, wie heutzutage unterstellt wird? Der Lehrer und Medienwissenschaftler Neil Postman ging in den 1980er Jahren eher vom Gegenteil aus, nämlich vom »Verschwinden der Kindheit«. Er begründete dies damit, dass Kinder keine emotionale Sicherheit mehr in der Familie bekommen bzw. dass die klassische Familie oft nicht mehr existiert. Zudem werden sie durch die Massenmedien zu früh und schutzlos in ihre Erwachsenenrolle gestoßen. Der kindliche Entwicklungsspielraum wird kleiner, die Welt der Erwachsenen mit ihren Konflikten und Effizienzkriterien vereinnahmt den jungen Geist zu früh. Eine kontroverse Debatte, doch Facebook lässt den Rückschluss zu, dass sich viele Einmalige ihre Kindheit nicht einfach wegnehmen lassen: Gerade weil es keine eindeutig definierte Alters- oder Sozialgrenze mehr zwischen Erwachsenenwelt und Kinderwelt gibt, schweben viele Menschen im freien Raum, irgendwo zwischen XING und Facebook, die hier als zwei virtuelle Auffangnetze für unsere zahlreichen Persönlichkeiten fungieren.

Spätestens wenn wir das Profilfoto unseres 43 Jahre alten Freundes Bert entdecken, welches Ernie (aus der Sesamstraße) zeigt, wird klar, dass etwas im Gange ist. Das ist schön, denn wie Erich Kästner sagte:»Nur wer erwachsen wird und Kind bleibt, ist ein Mensch«. Die Betrachtung des sozialen Umfelds lässt leider auch den zweiten Rückschluss zu, nämlich dass viele»große Kinder« die normale, psychosoziale Stabilität nicht automatisch erreicht haben. Die Verlorenheit im Universum, das Ansprüche an uns stellt und unsere kindlichen Wünsche nicht berücksichtigt, kann kein Burberry-Tuch verschleiern und kein BMW Z3 langfristig verdrängen.

Wer auch immer wann in welche Rolle gestoßen wurde, viele *Erwachsene* sind definitiv nicht dabei. Das hängt auch damit zusammen, dass viele Berts bis 43 noch lässig italienisch bei Mama wohnen, während andere im gepflegten 5-Zimmer-Vorstadt-Eigenheim mit einer ihnen unbekannten Frau sitzen (Mama kann es nicht sein, dafür ist sie viel zu jung und Mama spricht kein Russisch). Beide Berts arbeiten als Geschäftsführer. Bei Pädagogen und Soziologen wird die Stufe»Ernie und Bert« als Postadoleszenz bezeichnet, bei Facebook wird sie zusätzlich in (Spiel-)Gruppen zusammengefasst:

Öfter mal auf Fotos unfotogen tun, sonst verknallen sich immer alle gleich

Ich bin Single, weil die Auswahl scheiße ist ;)

Vegetarier essen meinem Essen das Essen weg

Wir töten Schweinegrippeviren mit Alkohol! C_2H_5OH *vs.* H_1N_1

seitdem ich gelesen hab das alkohol schädlich is, hab ich aufgehört zu lesen

Das fröhliche Motto-T-Shirt hat auf Facebook-Seiten eine

zweite Heimat gefunden; es ist hier nicht allein Nerds und anderen Ausgestoßenen vorbehalten, weil bei Facebook alle »Ernie und Bert« sein dürfen. Dementsprechend wird ausschließlich geduzt, die Adresslisten sind im Unterschied zu XING nach Vornamen und nicht nach Nachnamen geordnet. Und selbst der größte Accenture-Karriererist hat begriffen, dass er seine akademischen Pokale hier nicht öffentlich an die Pinnwand nageln sollte.

Staffage als Freundschaft und umgekehrt

Unser kindliches Gemüt freut's: Bei Facebook können wir uns mit Barbie, Hello Kitty oder Spongebob verbrüdern. Hormonell Fortgeschrittene können Freundschaft mit einer australischen Unterhosenfirma schließen: Anschließend bekommen sie minütlich Hochglanzbilder muskelbepackter Aussie-Männer in Unterhosen vom Bondi Beach zugesendet. Noch in Wassernähe bekommen sie die nächste Möglichkeit zur Freundschaft angedient: »Nutze jetzt die Chance und werde einer von 1000 GROHE Duschbotschaftern! Und das musst du dafür tun: Werde Fan von Duschen mit GROHE und sag uns, warum ausgerechnet du der perfekte GROHE Duschbotschafter bist. Mit etwas Glück erhältst du bald deine eigene Rainshower® Icon Handbrause, die du dann natürlich behalten darfst!« Endlich im Auswärtigen Dienst! Endlich »Exzellenz«! »Ich musste dafür allerdings auch duschen, bis der Badearzt kam.«

Die einzig wahren Ur-Sehnsüchte der 400-Millionen-Einmaligengemeinde werden beim beliebtesten Facebook-Spiel deutlich: »Everything grows in FarmVille. Join your Facebook friends and live the rural dream. Play now!« Die von der Firma Zynga in San Francisco entwickelte kostenlose Applikation »FarmVille« besitzt auf Facebook 24 Millionen Fans und über 80 Millionen aktive Spieler weltweit. Inhalt des Browserspiels ist das erfolgreiche Bewirtschaften eines Bauernhofes inklusive aller dreckigen und mühsamen Arbeiten, die ein Landleben zwischen Vieh und Acker mit sich bringt. Am Computer wird Erntearbeit geleistet, da weckt das Handy mit einem Hahnenschrei gerne mal nachts um vier den Bürobauern (bevor er um zehn in die Agentur startet). Pflanzen und Tiere auf dem Bauernhof kennen kein *nine to five*, sie benötigen intensive Pflege 24/7. Ob in Hongkong, Farmville (Alabama) oder Sonthofen, überall räumen Menschen ihren Alltag so um, dass sie rechtzeitig ihre Felder besamen, beackern und beernten können – die Echtzeit-Farmsimulation erfordert es. Wenn ich meinen Pflichten nicht nachkomme, ist die Existenz der Farm bedroht, den Kühen platzt das Euter und die Saat verdorrt. Das Leben ist genau so, wie es sein sollte – einfach und nachvollziehbar: Wir erhalten am Anfang ein kleines Feld, wenn wir es gut bewirtschaften, können wir mit unseren Erträgen weitere Felder erwerben. Das Leben ist genauso so, wie wir es uns wünschen – es ist sozial: Für Erweiterungen brauchen wir freundliche Nachbarn, mit denen wir gemeinsam den Widrigkeiten des Lebens trotzen und uns gegenseitig Arbeit abnehmen, ob es sich um das Düngen der Felder, das Laubharken oder Hühnerfüttern handelt. Wir arbeiten und erhalten dafür einen bestimmten Ertrag; wenn wir mehr leisten, erhalten wir mehr Ertrag. Fernab von weltfremden Regeln, Paragrafen, EU-Bestimmungen, Mehrwertsteuersätzen, Branchentalk, Politikern und internationalen Handelsbestimmungen können wir in Eigenverantwortung unsere kleine Farm ordnen. Alle sind gleich vor den Anforderungen des Computerspiels, es zählen keine Zeugnisse und Vorbildung, jeder kann autark handeln, solange er niemand anderem schadet: »Leben so wie ich es mag, Leben spüren Tag für Tag. Das heißt immer wieder fragen. Das ist wagen, nicht nur klagen«, singen Peter Maffay und Volker Lechtenbrink und meinen genau so einen paradiesischen Zustand, den sich alle in ihrem Herzen erträumen – und doch jeden Tag dagegen an arbeiten (müssen), weil wir alle überall in eingefahrenen Strukturen in der Firma, in der Behörde oder sonst wo feststecken. »FarmVille« befriedigt unsere Sehnsucht nach Autarkie bei gleichzeitiger sozialer Akzeptanz. Schade, dass wir nur virtuell unser kleines, perfektes Leben führen und ab und zu eine Ernte für unsere Bemühungen einfahren dürfen.

Das Schönste im Netz ist nämlich: Wir können unser Farmhaus dekorieren, auf dem Markt nützliche und unnütze Dinge kaufen, das Grundstück vergrößern – aber ein eigentliches Endziel gibt es nicht. Und trotzdem füttern 80 Millionen Menschen freiwillig Fische oder adoptieren ein trauriges, verwirrtes Lama.

Es braucht gar nicht viel, und der Mensch findet sein Glück: Unzählige gestrandete Robinson Crusoes benötigen einzig einen virtuellen Bauernstaat, um in die Realität zurückzukehren und dort angekommen gemeinsam im Chor zu singen: *My life is brilliant. My love is pure. I saw an angel. Of that I'm sure.** Es könnte alles so einfach sein …

Vermarktungsnot bis in den Kot – Sanifair

Nicht nur bei XING und Facebook ist Einmaligkeit in erster Linie eine Frage der Vermarktung. Im Einmaligkeitssprint gewinnt, wer seine Marke am besten kommuniziert. Der Markt wird mit der einzigartigen Leistung dermaßen penetriert, bis auch der letzte Konsument ohne Balkon und Terrasse sich eine Markise kauft. Weil er hofft, anschließend seine Ruhe zu haben.

Nicht nur die Tatsache, dass viele prominente Genieköpfe sich darum prügeln, Wasser als sexy und Bier als Rettung des Regenwaldes zu vermarkten, führt zu einem Marketing-Overkill, der inzwischen alle Bereiche unseres Lebens überflutet. Aber das Marketing wird traditionell fürs Handeln und niemals fürs Denken bezahlt.

Nicht erst seit es das Neuromarketing gibt, denken die Marketing-Götter dieser Welt, sie seien allmächtige Herrscher über die Konsumenten. Mittels sogenannter Tiefeninterviews wollen sie die geheimsten und intimsten Wünsche der potentiellen Käufer erfahren und uns frisch produzierte Weisheiten verkaufen. Denn erst mit der Joghurt-Frühjahrsedition Limette-Pfirsich können wir wirklich glücklich werden. Und im Herbst gibt's dann Kastanie auf Laub in den Kühlregalen. Einmalig unverzichtbar.

Um immer tiefer in die Seele der Käufer hinabzusteigen, scheuen Marketing- und Umfrageagenturen keine Kosten und Mühen. Damit alle Auftraggeber die Interviews heimlich verfolgen können, werden zufällig entführte Probanden vor einen venezianischen Spiegel gezwungen oder direkt auf den Beichtstuhl: Gibt es Motive Ihrer Kindheit, die sich beim Toilettengang einstellen? Was fühlen Sie, wenn das Toilettenpapier über Ihren Hintern reibt? Das Kölner Rheingold Institut für qualitative Markt- und Medienanalysen erklärt uns ganz genau, was dabei passiert: »Das psychologische Tiefeninterview verbindet Bedeutungstiefe mit Erkenntnispragmatik. In zweistündigen Einzel- oder Gruppenexplorationen decken die Rheingold-Psychologen die oft unbewussten seelischen Wirksamkeiten und Einflussfaktoren auf, die das Verhalten der Verbraucher bestimmen: Der Verbraucher wird ermuntert, mit eigenen Worten alles zu beschreiben, was ihm im Zusammenhang mit dem Thema einfällt. Das Interview wird zu einer gemeinsamen Forschungsreise.« Gemeinsame Forschungsreise, klingt nett. Doch hier wird der Mensch eiskalt zum Forschungsobjekt degradiert, das aus ökonomischen Gründen seziert werden muss. Kein Bereich ist mehr heilig, um neue Bedürfnisse zu orten und sie in marktgerechte Produktideen zu verwandeln.

Die Toiletten von Sanifair sind ein herausragendes Beispiel dafür, wenn ein zutiefst menschliches Bedürfnis in die Mühlen des Marketings kommt, zu einem einmaligen Event hochstilisiert und seiner Natürlichkeit entkleidet wird. Wir Einmalige »scheißen« nicht einfach nebeneinander sitzend auf dem Feld, wir erleichtern uns heute innerhalb einer beschallten Wellnessoase.

»Beste öffentliche Toilette des Jahres«: Sanifair hat Sterilität und Sound in einen zuvor eher geruchsbetonten Wirtschaftsbereich gebracht. Geheime Wünsche, die wir an unser Leben stellen, werden jetzt zumindest auf Autobahnraststätten mit Sanifair-Anlage erfüllt: Von Wildeshausen Süd bis Neckarburg West ist alles hygienisch sauber, exakt auf unsere Bedürfnisse ausgelegt und auch für kleine Kinder ist bestens gesorgt (u. a. kostenloser Ein- und Austritt). Aufgrund der irren Komplexität unseres Alltags wünschen wir uns manchmal, Probleme abgeben zu können. Am liebsten möchten wir ganze Bereiche wie Autoreparaturen, Kinderkriegen oder Kindererziehung komplett outsourcen. Das Zahnputzsystem »Morgens Aronal, abends Elmex« und am Sonntag Elmex Gelee ist nicht umsonst so erfolgreich: Es gibt uns eine einfach zu befolgende Komplettlösung für den Bereich Zahnpflege an die Hand. Dafür zahlen wir gerne etwas mehr.

Bei Sanifair ist das ähnlich. Für 50 bis 80 Cent pro Toilettengang wird der Bereich Reise-Hygiene kompetent gemanagt. Der begleitende Ablauf ist vorgegeben, uns genau bekannt und das Endprodukt kontrollierbar (meistens). Später beim überteuerten Einkauf in der Tankstelle bekommen wir die Toilettennutzungsgebühr sogar abgezogen, wenn wir den Sanifair-Wertbon an der Kasse vorlegen. Einen gewissen Stolz auf das soeben – dank eigener Leistung! – frisch erworbene Anrecht auf Preisreduktion können wir vor der Kassiererin kaum verbergen. Wenn Sie mit extrastarker Diarrhöe von Flensburg nach Oberstdorf fahren, könnten Sie an der letzten Tanke kurz vorm Ziel ja mal anfragen, ob sie die Pinkelbons gegen ein kleines Eigenheim eintauschen können anstelle von 130 000 Snickers. Jedes Geschäft bleibt sowieso in der Familie: Die Partnerunternehmen, bei denen Sie die Bons einlösen, sind meist Lizenznehmer der Tank & Rast GmbH, deren juristische Tochter Sanifair ist. Das nennt man strategisches Marketing.

Davon merken wir Sanifair-Nutzer aber herzlich wenig. Zartes Vogelgezwitscher und ein plätschernder Wasserfall entführen uns in eine blaue Urwaldlagune. Doch obwohl wir uns akustisch jenseits der Zivilisation befinden, sind weit und breit weder Brooke Shields noch Piranhas, Taranteln, Schlangen oder Kannibalen in Sicht. Wo, wenn nicht hier, fühlen wir uns auf dem Thron der Einmaligkeit angekommen?! Deshalb ist es auch nicht verwunderlich, dass wir unter dieser Sounddusche erwarten, dass uns eine Tasse Hot Chocolate Chili oder Milky Oolong serviert wird. Die für die subtile Tarzanromantik verantwortlichen Audio-Branding-Experten haben ganze Arbeit geleistet, damit wir uns vom zivilisatorischen Ballast bzw. Scheißdreck befreien können. Die Sanifair-CD mit den schönsten Wellness-Hits aus 400 Toilettenhäusern ist demnächst im Handel erhältlich. – Sie muss nur noch gepresst werden.

Doch wenn der Sanifair-Nutzer irgendwann nach dem Pressen in der Lage ist, wieder die Augen zu öffnen, ereilt ihn die sterile Wahrheit. Jetzt fühlen wir uns doch eher wie der Protagonist in einem ambitionierten arte-Kurzfilm über soziale Kälte oder wie der Käfer bei Kafka. Die Wirklichkeit ist noch schlimmer: Wir befinden uns in Wonnegau West – aber immerhin mit Außenterrasse, WLAN und 40 XXL-Parkplätzen.

Die synthetische Natürlichkeit der Sanifair-Toiletten, die alle Autobahnraststätten gleichschaltet, führt dazu, dass wir irgendwann nicht mehr wissen, wo genau wir uns eigentlich gerade befinden. Solche künstlichen Orte nennt der französische Ethnologe Marc Augé »Nicht-Orte«. Er prägte diesen Begriff bereits in den 90er Jahren. Nicht-Orte stehen im strikten Gegensatz zu traditionellen Orten, welche durch ihre spezifische Geschichte und Identität gekennzeichnet und damit kulturell aufgeladen sind. Die von Augé als Übermoderne betitelte heutige Welt ist also eine, die von sogenannten Transiträumen geprägt ist: Menschen nutzen sie im Vorübergehen, aber sie halten sich dort nicht gerne auf. Die Räume sind geprägt von völliger Abstraktheit, sie existieren losgelöst von Zeit und Raum, denn sie bilden selbst keinen Raum und besitzen keinerlei Bezug zu ihrem Standort. Auch die sauberste Sanifair-Anlage an der Autobahnraststätte Tecklenburger Land West baut keinen Bezug zum Teutoburger Wald auf.

Leider greifen die Nicht-Orte immer mehr um sich. Nicht nur öffentliche Toilettenhäuser gleichen sich an, sondern ganze Vororte und vormals einmalige Innenstädte werden von uniformen Ladenketten in die völlige Austauschbarkeit getrieben. Wir werden dank moderner Technik immer mobiler, aber wenn Paderborn wie Ingolstadt oder Aarhus aussieht, können wir uns den Trip getrost sparen.

Das ist die Crux an der Geschichte, denn die massenhafte Mobilität erfordert selbst derartige Nicht-Orte. Einmalige Menschen müssen 24 Stunden pro Tag von A nach B und C und D und dann zurück auf 0. Klassische Nicht-Orte sind deshalb auch moderne Flughäfen, Bahnhöfe, Einkaufspassagen, Malls, Sportstadien, Telekom-Telefonstelen, Büro-Glasbaukästen, Etap-Hotels oder High-End-Toilettenhäuschen. Orte, die täglich millionenhaft mit Menschen geflutet werden und auf diesen Ansturm optimal eingestellt sind.

Pritzker-Preisträger Norman Foster (auch Norman, der Baumeister), hat mit dem Terminal des Londoner Flughafens in Stansted 1991 ein Meisterwerk solcher Transitarchitektur entworfen. Der Flughafen schleust inzwischen 25 Millionen

Passagiere jährlich durch – die ortlose Architektur zollt Ortega y Gasset's Vision von Vorhölle vollen Tribut. Die im 21. Jahrhundert enorm beschleunigte Masse Mensch muss nach vordefinierten Parametern abgefertigt werden, anders können moderne Lobbys, Lounges, Warteräume, Abschiebungszellen, Auffang- und Flüchtlingslager von Tokio bis Darfur nicht reibungslos funktionieren.

Unsere Denke gleicht sich an diese Architektur an und streckt im Minutentakt ihre Fühler nach möglichen neuen Erfordernissen der Post-Postmoderne aus. Und auch das Verhältnis der Menschen zum Thema Raum ändert sich, denn wenn eigenschaftslose und gefühlskalte Toiletten bzw. Räume ihnen keine Halt- und Bezugspunkte bieten, kann die Suche nach Sinn und Wahrheit nur noch im Individuum selbst stattfinden. In der Folge gibt es Millionen einmaliger Menschen, die auf Sinnsuche sind. Wir müssen zu Philosophen werden, weil auch den Letzten irgendwann die Leere seiner Umgebung erschlägt. Da Bomben sozial nicht akzeptiert sind, bleiben nur zynische Gedanken und eine Abkehr nach innen. Hier lassen sich hoffentlich noch besondere und einmalige Dinge finden, die uns Befriedigung verschaffen: Haus, Frau, Kinder, Auto oder FarmVille. Da draußen in der Berufswelt agiert derweil nur noch die Hülle – perfekt, hoch konzentriert, aber innerlich leer.

Sanifair befriedigt keine Misanthropen und Philosophen, Sanifair befriedigt die Anforderungen der Gesellschaft, vulgo des Marktes: Weil viele Vorzeigemanager überzeugt sind, dass am Ende des Tages nur Zahlen essbar sind, müssen in Vorzeigekonzernen täglich neue Zahlen produziert werden. Dies geschieht durch permanente Kundenbefragungen. Viele Sanifair-Kunden haben sich bereits während des konzentrierten Ausfüllens von 22-seitigen Evaluationsbögen eingenässt. Die einmalig guten Ergebnisse machen den Verantwortlichen trotzdem Mut für die Zukunft und sind Bestätigung des Sanifair-Konzepts.

Doch der Vorzeige-Marketingleiter ruht sich keine Sekunde auf seinen guten Ergebnissen aus, er hat den unumstößlichen Leitsatz verinnerlicht:»Marketing ist nicht olympisch; nur dabei sein reicht nicht aus.« Deswegen denkt er sich stündlich Produktoptimierungen und Angebotserweiterungen aus:»Im Eingangsbereich von SANIFAIR Betrieben gibt es jetzt Laien-Defribrillatoren. Das sind Geräte, mittels deren auch Sie bei der deutschlandweit häufigsten Todesursache, dem plötzlichen Herztod, sofort Hilfe leisten können.« Falls einem weit gereisten Außendienstler die Raststätte Samerberg Süd zu stark zu Herzen geht, könnten Sie ihn jetzt also retten (wenn Sie möchten).

Weil diese einmalige Art der Sanifair-Perfektion keine unkontrollierbaren Faktoren (wie den plötzlichen Herztod) zulässt, wurden auch polterige Toilettenfrauen und Toilettenmänner mitsamt Häkeldeckentischchen durch Automaten ersetzt. Für Kunden entfällt das peinlich betretene Gefühl vor und nach der Geldübergabe (von Sanifair euphorisch als Aufwandsentschädigung bezeichnet). Und das Schönste: Es findet keinerlei persönlicher Kontakt rund um eine mit Schamgefühlen behaftete Handlung statt.

Augé stellt in Abrede, dass Transiträume Orte im anthropologischen Sinne sind, u. a., weil dort keine Interaktion zwischen Menschen stattfindet – auch hier zeigt sich Sanifair als örtliche Avantgarde. Eingekerkert in kleine, chromblitzende Nasszellen, schall- und blickdicht aneinandergereiht, gehen wir unseren Geschäften nach. Abseits vom Händewaschen sind menschliche Begegnungen kaum möglich, wozu auch? In dieser gewienerten Umgebung wäre ein Gespräch das unnützeste Happening. Das Besuchsziel ist klar, Ablenkung nicht erwünscht. Wäre auch Zeitverschwendung.

Dieser Nicht-Ort ist Ergebnis perfekter, statistisch abgesicherter Marketingstrategien, die sich nicht am Gefallen des

Menschen ausrichten, sondern an seinen statistisch abgesicherten Bedürfnissen sowie marktwirtschaftlichen Erfordernissen der Neuzeit. Der TÜV Rheinland hat die außergewöhnliche Leistung von Sanifair bestätigt und mit Prüfsiegel zertifiziert – eine Kundenkritik wäre jetzt nicht mehr rechtens. Sanifair könnte den Kunden jederzeit juristisch belangen und wegen Rufschädigung klagen.

An Sanifair-Anlagen können äußerst komplexe Funktionsmechanismen beobachtet werden, ein menschliches Bezugssystem bieten sie nicht an. Soziologisch gesprochen: Struktur (er-) schlägt Individuum. Dank des überlegenen Strukturkonzepts lässt die Marke keine individuellen Wünsche offen, es gibt einfach nichts zu beanstanden. Und dank des Sanifair-Routenplaners können sie die ganze Fahrt komplett vorplanen, frei von der Angst, auch nur eine einzige Sanifair-Station zu verpassen.

Auf dem deutschen Tiefspüler soll die Welt sich lösen – jetzt auch in Ungarn
Sämtliche Ausländer, die in einer Sanifair-Raumstation zum ersten Mal auf deutschem Boden ihre Autobahn-Notdurft verrichten, sind begeistert. In den ersten Minuten noch von den auf Hochglanz polierten Kacheln geblendet, löst sich ihre erste Anspannung schnell: Vorhang auf für die deutsche Interpretation eines öffentlichen Donnerbalkens. Tja, das ist der einmalige Erfolg, wenn Ingenieure und Marketeers sich zusammensetzen und ein »German Gesamtkonzept« für eine Bedürfnisanstalt austüfteln. Wenn das dann noch jenseits von Peppenhoven West zu einem weltweiten Franchise-Exportschlager werden kann, haben wir endgültig gewonnen.

Deutsche Industrieprodukte leben vom positiven Vorurteil über Deutschland, unter anderem vom »German engineering« und der »German cleanliness«. Diese Tatsache kann die Marke Sanifair kostenfrei nutzen für die effizienteste Hightech-Toilette

der Welt. Dass das Konzept auch außerhalb von deutschen Autobahnen funktioniert, beweisen zwei neue Standorte: Seit 2008
ist Sanifair mit einer Außenstelle in Ungarn vertreten und ziert
nun auch die Ernst-August-Shoppinggalerie in Hannover.

Touristen können bei Sanifair viel Geld sparen, denn für ihre
50 bis 80 Cent Eintritt können sie komprimiert auf wenigen
Quadratmetern eine Bestätigung sämtlicher Vorurteile über ihr
attraktives Reiseland erfahren. Es müssen nicht immer die üb-
lichen kulturellen Highlights sein: Mercedes-Benz-Welt in
Stuttgart, BMW-Welt in München, Autostadt Wolfsburg und
Reichsparteitagsgelände in Nürnberg. Zentral gelegen an den
schönsten Autobahnen mit kostenlosen Parkplätzen vor der
Tür, gibt es die ganze Faszination Deutschlands en miniature.
Fahren Sie nicht nach Nürnberg, bleiben Sie in Nürnberg-Feucht
Ost – es ist 24 Stunden am Tag geöffnet. Dänemark hat Lego-
land Billund, Deutschland hat System-Wohlfühlatmosphäre in
Muldental Süd. Der am häufigsten gehörte Ausspruch von Tou-
risten nach Verlassen der Sanifair-Anlage ist:»Ja, hier ist es genau
so, wie ich mir Deutschland immer vorgestellt habe.«

Auf der Internetplattform YouTube stellen einmalige Menschen oder Krethi und Plethi gerne ihre privaten Filme ein, wenn
sie etwas Spannendes, Witziges oder Einmaliges erlebt haben.
Unter dem Stichwort »Sanifair« finden sich dort vor allem unzählige Luftaufnahmen der sich automatisch reinigenden Sani-
fair-Toilettenbrille. Eine überlegene Demonstration kalter
Technik. Technik, die wie von Geisterhand gesteuert gegen eine
verunreinigte Welt kämpft und eine präzise Phalanx gegen
Bakterien bildet. Hessisches Fachwerk und Lübecker Kirchen
haben schon Generationen von Japanern vor uns im Bild ver-
ewigt. Hier kann dagegen echte Interaktion mit dem Objekt
stattfinden. Ein Italiener mit Namen Beppo234 schwärmt im
Begleittext zu seinem selbst gedrehten Toilettenstreifen von der
»grande tecnologia tedesca in un autogrill«. Brasilianer träumen

davon, dass es solche Toiletten eines Tages in Brasilien geben möge, und betätigen immer wieder die Spülung, um den Vorgang zu filmen. Ein Amerikaner jubelt:»In Germany going to the toilet is a pleasure! ... This is the best toilet I've ever seen ... and the cleanest too!« Der Brite knapp:»Amazing toilet seat cleaner at German gas station on German Autobahn.« Ein deutscher Landsmann drückt es landestypisch brachial aus:»Sanifair kicks ass! Für alle Unwissenden unter euch, das ist Sanifair, eine Marke aus dem Himmel, nur Gott kackt besser!!!«

Ein Vorbild für die Welt?

Im Jahr 2005 erklärte der damalige französische Innenminister Nicolas Sarkozy angesichts massiver sozialer Unruhen in den Vorstädten französischer Großstädte, diese mit einem weltberühmten deutschen Hochdruckreiniger »kärchern« zu wollen. Wie erst später bekannt wurde, hatte Sarkozy wenige Tage zuvor bei einer Deutschlandvisite mit seinem Fahrzeugkonvoi auf dem Rückweg an der Sanifair-Toilette Waldmohr (A6) haltgemacht. Sein kurzer Aufenthalt in der aseptischen Nasszelle hat ihn schwer beeindruckt und war entscheidende Inspiration für seine Ideen vom Umgang mit sozialen Brennpunkten. Sein PR-Stratege für die Abteilung »Punktuelle Provokation« konnte ihn davon überzeugen, nicht den Satz »Wir verwandeln die Vorstädte in Sanifair-Toiletten« einzusetzen, weil die seit 1935 existierende Traditionsmarke Kärcher in Umfragen in Frankreich eine deutlich höhere Bekanntheit als die junge Marke Sanifair aufweist. Dennoch hat sich neben Kärcher auch das Prinzip Sanifair über Deutschland hinaus in Demokratien wie Diktaturen zur anerkannten stadthygienischen Idealvorstellung gemausert. Visionär formuliert es die zweifache Mutter, nachdem sie im offiziellen Sanifair-Imagefilm die Toilette, gelöst wie nach einer ayurvedischen Verjüngungskur in Bad Ems, verlässt: »Das müsste es nicht nur an Raststätten geben.«

WEISHEIT UND CHARISMA
AUS DER RETORTE:
DER KATEGORISCHE KONJUNKTIV

Auch einmalige Menschen benötigen punktuell Vorbilder. Oder zumindest zitierfähige Vorlagen: Antoine de Saint-Exupéry, Goethe oder den Dalai Lama. Geistesgrößen, die es zulassen, dass wir uns für einen kurzen Moment ganz klein vorkommen – aber nur, um durch die demütige Verehrung wieder an eigener Größe und Charisma zu gewinnen. Viele derart weise Personen sind bzw. waren Visionäre. Und Visionen gibt es nur im Konjunktiv, denn nur irreale Wünsche werden so formuliert: Ich würde den Reichtum gerechter verteilen. Ich würde mich für die Belange von XY einsetzen. Ja, warum auch nicht? Wir sind uns doch alle einig, dass diese Welt verbesserungswürdig ist. Und hier beginnt das Problem: Unser Wunsch nach mehr Gerechtigkeit ist so kategorisch wie gefahrlos. Darum können wir uns schadlos halten an Mutter Teresa und allem, was die Medien für uns an Persönlichkeiten und individuellen Weisheiten produzieren. Fazit: Der aufgeklärte Mensch ist auch nur ein Mensch.

Denn auch jenseits intelligent gesetzter, pointierter Zitate von Lama bis Obama wird an jeder Stelle deutlich: Wir wissen viel. Sehr viel. Deutlich zuviel. Oft erschlagen uns eigenes Wissen und Omnipotenz. Das ist der Moment, wo wir einfach nur froh sind, wenn Claus Kleber oder Caren Miosga unserem Denken pünktlich am Abend via Bildschirm einige ordnende Ansagen mit auf den Weg geben und für Alltagsstruktur sorgen. Wenn im Anschluss daran PSL (Anm.: Peter Scholl-Latour) mir und allen westlichen Ungläubigen extrem ungnädig den Islam oder den Tod im Reisfeld erklärt, während parallel Helmut Schmidt auf dem anderen öffentlich-rechtlichen Sender die wirtschaftliche Überlegenheit der Han-Chinesen beschwört, dann entsteht ganzheitliche Entspannung. Alles wird gut (zumindest solange die TV-Granden am Leben bleiben). Als kurz vor Mitternacht noch Professor Hans-Werner Sinn den ifo-Geschäftsklimaindex erläutert, ist das Oben und Unten, das Links und Rechts kurzfristig wieder im Lot. Es liegt überhaupt kein Widerspruch darin, auf der einen Seite alles zu wissen und auf der anderen Seite verzweifelt nach keltischen Weisheiten und anderen Orientierungsankern zu suchen. Ein entscheidendes Stichwort im 21. Jahrhundert lautet Komplexitätsreduzierung, und dies geschieht im Zweifelsfall durch Experteneinbindung: Offizielle Titel und graumelierte Expertise sind viel in einer Welt, die uns mit Komplexität kurz und klein schlägt – gerade wenn es um den eigenen Nachwuchs geht, der uns und unsere Genialität erfolgreich weiter tragen muss.

Das aufgeklärte Kind:
Literarische Eltern-Ratgeber

Vor der Industrialisierung und der zunehmenden Verstädterung in der zweiten Hälfte des 19. Jahrhunderts war ein Großteil der Menschheit zwar weniger gebildet, aber nicht zwangsläufig unglücklich. Der Arzt Gottfried Benn machte einige Jahrzehnte später daraus das Bonmot:»Glück ist es, dumm zu sein und Arbeit zu haben.« Wer hingegen keine Arbeit hat oder haben will, geht seit jeher angeln. Dieses Motiv findet sich bei Gottfried Keller 1856 in der Novelle»Romeo und Julia auf dem Dorfe« oder am Lübecker Trave-Ufer zwei Jahrhunderte später (bis Mitte der 80er half der CB-Funk oder umgangssprachlich»Jedermann-Funk«).

Das Lebens- und Erfahrungsumfeld des Menschen war über Jahrhunderte hinweg stark begrenzt. Vorstellungen von Menschen und Dingen außerhalb der statischen Biografie waren so gut wie unbekannt. Transzendenz und Ichflucht gab es selten – höchstens beim sonntäglichen Gottesdienstbesuch. Das Leben: ein kleiner Ausschnitt von Feuerstelle, Feld und Flecken. Wunderbar!

Findige Marketeers haben aus diesem romantischen Mythos Figuren wie »den kleinen Michael« erschaffen, der seit über hundert Jahren von Ladenbesitzerin Frau Lange Storck-Schokoladen-Riesen verlangt und den ersten davon flugs hinunterwürgt. Andere haben gleich eine vollständige Produktrange entwickelt, die unter vertrauensvoll-idyllischen Namen wie »Rügenwalder« oder »Landliebe« läuft. Die urig-liebevolle wie ökologisch nachhaltige Mehrwegmilchflasche von Landliebe kam im Jahr 1987 heraus, nachdem es 1986 in Tschernobyl gerumpelt hatte: Milchbauernidylle als Reaktion auf den Atomtod. Diese Marken pflanzten in ihre jeweiligen »Werte- und Nutzenplattformen« Vorstellungen der guten, alten Zeit ein. Manager feiern diesen Erfolg auf Kongressen und in Buchbeiträgen mit dem Titel »Erfolgreicher Aufbau einer Dachmarke«. Die Apologeten des Marketings nennen das »Unique Selling Proposition« (»USP«). Klingt irgendwie überhaupt nicht mehr idyllisch.

Findet Authentizität heute etwa nur noch auf den Joghurtdeckeln der Nahrungsmittelindustrie statt? Immerhin müssen wir mit dem Wegbrechen realer Regeln und Waldwiesen leben. In einer Welt der zunehmenden Spezialisierung als Angestellter, Konsument und Ehepartner ist uns die Vorstellung von einem großen Ganzen flöten gegangen. Diesen Zustand bezeichnete der Soziologe Émile Durkheim 1897 als Anomie. Umfassende Orientierungen wie Religion, Familie oder Regionalgemeinschaft lösen sich auf. Im Supermarkt der Ideologien gibt es seit einigen Jahrzehnten keine Monopolstellung mehr. Es herrscht die Diktatur des Pluralismus: Alles ist gleich gültig und damit so richtig wie falsch.

Sozialwissenschaftler sagen, dass das aktuelle Fachwissen in einem Arbeitsgebiet innerhalb von zehn Jahren vollständig wertlos ist. Die Anpassungsspirale dreht sich immer schneller. Weil wir keine Fixpunkte mehr haben, wird uns dabei bedenklich schwindlig.

Die Folgen geistiger Beliebigkeit haben sich tief eingefurcht und betreffen selbst die existenziellsten aller Wesensbereiche: den Nachwuchs und den Umgang mit ihm. Zwar wissen wir heutzutage, wie man einen WLAN-Router einrichtet, kennen uns noch vor unserer Trekking-Tour – Globetrotter.de sei dank – bestens auf dem Gipfel des Cova-Kraters aus, backen Fleischfladen in Toastern auf und rollen hausgemachtes Sushi mit speziellen Bambusmatten wie japanische Weltmeister – aber Kinderbekommen und -begleiten ist die große Unbekannte unseres durchgestylten Lebens.

In einer Epoche der finanzdienstgeleiteten Überversicherung, der Stiftung Warentest und eines ernst gemeinten Volkstribuns wie Volker Kauder können Kinder unser Leben zerstören wie eine taktische Kernwaffe. Die Perspektive Kinder macht sämtliche egozentrischen Konstanten nieder. Es ist kein Wunder, dass eine Generation, die in den letzten 30 Jahren nicht auf ein einziges Nutella-Brötchen mit Mohn verzichten musste, dichtmacht bei dem Gedanken, ihre individuelle Freiheit aufgeben zu müssen. Der eigentliche Befreiungskampf findet nicht auf den Straßen von Teheran oder Minsk statt, sondern auf der dunlopillo-Federkernmatratze in Heide.

Sollte sich aber nach tausendundeinem abendlichen »guten Gespräch« bei Kerzenschein und Prosecco die Vorstellung von »Kindersindetwaswunderschönes« durchgesetzt haben, folgt der umfassende Optimierungswahn. Und nebenbei lügt man sich beidseitig und ohne Augenzwinkern vor: »Wir werden unbedingt dafür sorgen, dass wir uns unsere Freiheiten als Paar auch weiterhin bewahren. Alles nur eine Frage der Organisation.«

Das Motto, unter dem das private Weltverbesserungsprogramm startet:»Richtig erziehen!« Die eigenen Eltern können uns dabei kaum helfen; sie werden höchstens unter Aufsicht eingesetzt – schließlich verdanken wir ihnen unsere noch zu therapierenden Neurosen. Wenn von jährlich 90 000 Neuerscheinungen auf dem Buchmarkt der Anteil der Ratgeberliteratur fast 15 % beträgt und damit den zweiten Platz hinter Kinder- und Jugendliteratur einnimmt, ist klar, dass viele Menschen die Erziehung ihrer Kinder nicht einer wie auch immer gearteten Intuition anvertrauen. Es müssen stattdessen diplomierte Experten mit möglichst breitem medialem Sendungsbewusstsein sein. Was in den 70ern die Jetzt-helfe-ich-mir-selbst-Autoreparaturreihe war, ist heute der Erziehungsratgeber in seinen unzählbaren Ausprägungen. Die Intention ist gleich, nur das Objekt hat sich verändert. Schließlich waren zur Beginn der Massenmotorisierung Autos etwas Besonderes, heute sind es Kinder. Allein Amazon bietet 2173 Erziehungsratgeber an. Bis man die durch hat, sind Eltern und Kind bereits vermodert.

Selbst beidseitig promovierte Eltern mit Zusatzabschluss in Harvard, MBA und in der Lage, stante pede einen Vortrag über Photovoltaik zu bestreiten (in vier Sprachen), versagen bei der Frage, wie zu reagieren ist, wenn dem Filius Maximilian vom ungehobelten Nachbarsjungen einer vors Schienbein getreten wird. Könnte es sein, dass wir jetzt an dieser Stelle irgendeine Position beziehen müssten? So richtig ... mit Geschrei und großer Geste? Wie geht das denn bitte? Oder was ist zu machen, wenn eine Mutter auf einem Spielplatz die Tupperdose entpackt und ihrer lieben Mia-Valéria noch so kurz vor dem Abendbrot Sandgebäck mit Schokolade anbietet? Und: Heißt es vor anderen Eltern»der Leonhard« oder einfach nur»Leonhard«?

Ja, bei der alltäglichen Erziehung gibt es keine überprüfbaren

Leistungs- und Erfolgsparameter mit Bütten-Bestätigungszeugnis. Au secours, wir sind auf unser ureigenes Gefühl angewiesen. In einer Zeit, in der Entscheidungen von frühester Jugend an auf Basis empirischer Befunde und fundierter Statistiken gefällt werden, ist es schwer, die eigene innere Stimme zu hören. Denn die ist weder analytisch abgesichert noch systemgerecht. In Firmen-Meetings ist eine Aussage wie:»Ich denke, wir sollten das genau so machen, weil ich daran glaube, weil ich es fühle ...« eher unterrepräsentiert. Vielmehr wird jede Option aufwendig geprüft und getestet.»Möchte unsere Zielgruppe, dass eher eine blonde oder doch eine brünette Frau die Packung in die Kamera hält?« Die richtige Antwort ist keine Frage des Geschmacks, sondern der Statistik und wird per Eye-Tracking getestet.

Dagegen würden ja gefühlte Entscheidungen bedeuten: Die Verantwortung – und damit die Möglichkeit eines Scheiterns – wäre persönlich! No way! Stattdessen sind wir darauf sozialisiert, Durchschnittswerte als Leitplanken unseres Handelns zu nutzen. Philosoph Peter Sloterdijk hat diese Haltung am Beispiel der Technik auf den Punkt gebracht:»Die aktuelle Geste, die den Übergang ins Zeitalter *nach* der Erfahrung am vollkommensten ausdrückt, ist das Downloading. Sie veranschaulicht die Befreiung von der Zumutung, Erfahrungen zu machen.«

Verstandesgläubigkeit rulz! Gefühlsstarre ist das Resultat. Jedem Einzelnen wird vermittelt, dass Entscheidungen logisch und rational erfolgen müssten. Trifft Chaos (Kind) auf Logik (Eltern), so kommt es zu existentiellen Konfrontationen. Selbst die allabendlich fest verabredete Update-Feedback-Besprechung über die frühkindlichen Ereignisse des Tages, die beim hauptamtlichen Erziehungsberechtigten (meistens Frau) direkt ins Erschöpfungskoma führt, gibt uns keine abschließende Sicherheit:»Die Phase zwischen dem zweiten und dritten Lebensjahr ist unglaublich entscheidend für die logisch-mathematische Kompetenz von Nike. Es ist wichtig, dass wir eine einheitliche

Linie in Bezug auf unser Verhalten am Frühstückstisch definieren, meinst du nicht auch, Schatz?«

Helfen können jetzt nur noch Diplom-Pädagogen, Diplom-Psychologen, zwanzigfache Mütter, Erzieherinnen mit Doppelnamen sowie Publikationen der La Leche-Liga e. V. Deren Literatur trägt verkaufsträchtige Titel wie »Erziehungsratgeber für Eltern«, »Das Geheimnis glücklicher Kinder«, »Kinder fordern uns heraus«, und wenn es gar nicht mehr hilft: »Wenn Eltern die Wut packt« (wegen USP). Endlich kriegen wir den lang ersehnten Halt: »Mit den Elternbüchern von Ulrich Diekmeyer finden Eltern leicht durch den alltäglichen Erziehungsdschungel. Wissenschaftlich fundiert, dabei leicht verständlich, geben die Bücher Auskunft über alles, was Eltern wissen sollten, damit das Familienleben liebevoll und zur Zufriedenheit aller funktioniert.« Das Leben in diesem Klappentext ist eine mathematische Gleichung ohne Unbekannte. Kein Wunder, dass wir aufhorchen! In einem Bereich, der unstrukturiert daherkommt, bieten uns drei Millionen Autoren rationale Lösungsmuster an. So wird Erziehung ein Kinderspiel!

Mit schlafwandlerischer Sicherheit picken wir uns dann auch die Elemente aus den Ratgebern heraus, die uns bestätigen: Haben wir's doch gewusst! – Getrost lassen wir alles unbeobachtet, was uns missfällt. Gott sei Dank – wenigstens ist hier noch ein Krümelchen individuelle Meinung vorhanden.

Die Individualität kommt aber auch schnell wieder an ihre Grenzen. Schließlich finden wir alle, dass »es so wie früher nicht weitergeht« und dass »Kinder gerade in diesen unübersichtlichen Zeiten klare Grenzen und verlässliche Orientierungen« brauchen. Und überhaupt: »Kleinkinder außer Rand und Band, Zehnjährige, für die Respekt vor Eltern und Lehrern ein Fremdwort ist, 17-Jährige, die nicht mehr arbeitsfähig sind – Kinder an die Macht? [...] Nur wenn unsere Kinder wieder wie Kinder behandelt werden, können sie in einem positiven Sinne lebensfähig werden.«

Erstaunlicherweise bieten alle Ratgeber eindeutige Lösungen für einen doch eigentlich organischen Vorgang an: die Entwicklung eines individuellen Lebewesens. Mit jeder Unwägbarkeit überfordert, stützt sich der Einmalige des 21. Jahrhunderts auf das diplomierte Wissen anderer. Wir haben verlernt, unserem Gefühl zu trauen. Also lagern wir entscheidende Aspekte der Orientierung an professionalisierte Träger und Institutionen aus. Eigene Erfahrungswerte haben wir nicht – dafür müssten wir ja anstelle eines getunten Lebenslaufes eine gelebte Biografie vorweisen können. Deshalb haben wir unseren Kindern auch nichts mehr mitzugeben ... außer einer überschreibbaren Lebensversicherung – aber die ist heutzutage viel wert!

Wenn das Gespür für richtig und falsch abhanden gekommen ist, müssen wir uns voll auf unseren Verstand verlassen. Entscheidungen sollten stets rational begründbar sein, damit wir nicht aus dem Rahmen fallen. Zu mehr reicht unser Selbstvertrauen nicht mehr aus. Im Grunde macht dies klar, dass wir nichtige Kobolde sind, die in ihrem Leben noch keine einzige Herausforderung bestanden haben. Als im Bücherregal präsentierter Goodwill bewahrt der Elternratgeber uns vor dem Verlorensein und der Angst, Fehler zu machen. Diese Haltung ist nichts Überraschendes und deckt sich mit vielen Stilblüten des Alltags. Sigmund Freud erklärt lakonisch:»Die Elternrolle ist die einzige Rolle, in der wir immer versagen.«Wer könnte diesen Satz heute noch seelenberuhigt aussprechen?

Erzieherische Hilfe wird nicht erst in der heutigen Zeit benötigt. Bereits im Jahr 1768 veröffentlichte der Philosoph und Schriftsteller Jean-Jacques Rousseau sein pädagogisches Hauptwerk unter dem Titel»Emile oder Über die Erziehung«. Seine Ideen hatten derartige soziale Sprengkraft, dass ihm die Honoratioren seiner Geburtsstadt Genf nach seinem Tode ein Denkmal außerhalb der Stadtmauern auf einer winzigen Insel inmitten der Rhône widmeten. Man befürchtete Anziehungskräfte für strukturell ähnliches »Pack« wie heutzutage bei der »Roten Flora« oder in »Christiania«. In seinem Werk begleitet Rousseau fiktiv das Heranwachsen des Jungen Emile bis zum Erwachsenen und leitet aus seinen Beobachtungen pädagogische Prinzipien ab. Nach über 600 Seiten hat er zahlreiche Gesetze niedergeschrieben und Leitlinien aufgestellt, die sich allesamt gut lesen lassen. Die meisten haben wir vergessen. Nur das Schlusswort nicht: Fin.

Speere der Distinktion: Lang Lang und Anna Netrebko auf dem Bierfest

Distinktion bedeutet in keinem Fall, sich von der Masse abzuheben oder gar aus ihr hervorzustechen. Egal wie abgehoben der Einmalige sich seine persönlichen Präferenzen, Bekleidung, Bettgefährten oder kulturlastigen Hobbys zusammenstellt, er bildet auf jeder Distinktionsstufe doch nur Masse: Polo fahren oder Polo spielen macht strukturell betrachtet absolut keinen Unterschied. Es handelt sich einfach nur um zwei Massen von Einmaligen, mit unterschiedlichen Inhalten und höchstwahrscheinlich geringer Schnittmenge. Fakt ist, dass sich alle von allen unterscheiden wollen, darum bemühen wir uns so redlich wie vergeblich, individuelle Distinktionsmerkmale anzuhäufen und – je nach Extrovertiertheit – vorzuführen. Das kann persönlichen Spaß oder Verdruss bereithalten, aber zumindest für eine Berufsgruppe sind Findung und gezielter Einsatz von Distinktionsmerkmalen eine arbeitsplatzerhaltende Maßnahme: Die Medienmaschinerie muss auf ihrer existentiellen Jagd nach Geschichten immer wieder Personen oder Dinge finden, um sie anschließend per Mediendekret offiziell zu irgendetwas zu »machen«, ihnen eine bestimmte Rolle zuzuschreiben, um sie dadurch konkret hervorzuheben. Die Neuigkeit muss möglichst schnell zur Tatsache gemacht werden, die im Gedächtnis haften bleibt: Dies geschieht naturgemäß auf unterschiedlichsten Distinktionsstufen, die vom »König von Mallorca« (Jürgen Drews) bis zum »Malerfürst« (Markus Lüpertz) reichen. Von der Sportseite bis zum Kulturteil lebt die Presse von Strukturelementen, die in jedem medialen Beitrag wiederholt werden, egal ob DIE ZEIT, Bild, Morgenpost oder Frauke Ludowig der Absender ist: Dies sind bestimmte Begrifflichkeiten, die zum Beispiel einer prominenten Person zugeschrieben werden – solange bis es jeder Leser, Hörer, Zuschauer begriffen hat und im Optimalfall spätestens nach dem dritten Mal fest daran glaubt. Denn jede Kultur ist ein selbstreferentielles System: Weil die Presse sich untereinander genau beobachtet, voneinander abschreibt und Ideen kopiert, sind bestimmte Begrifflichkeiten sehr schnell durchgesetzt, sodass, wenn bei Google der Begriff »Malerfürst« eingegeben wird, sofort der Zusatzbegriff »Markus Lüpertz« erscheint (ohne einen Start des Suchvorgangs). Wer »Vollweib« in die Suchmaschine eingibt, erhält umgehend die Schauspielerin »Christine Neubauer« und wer in einem Anfall geistiger Verwirrung den Satz »Ich bin ein Döner« tippt, der landet beim Gassenhauer-Experten Tim Toupet. Nichts für ungut: Schubladen-Denken ist im positiven Sinne eine hilfreiche Reduzierung von Komplexität, die den Alltag deutlich vereinfacht – im Endeffekt ist jeder deutsche Melodram-Regisseur dankbar, wenn er nicht monatelang für seine Besetzungsliste nach einem »Vollweib« fahnden muss.

Wenn in dieser Logik fünf von Medien und gehobener Öffentlichkeit anerkannte, einmalige Speerspitzen kultureller Distinktion scheinbar wahllos zusammentreffen, noch dazu in einer für sie untypischen Umgebung, dann ermöglicht ihnen dies Abstand von den Schubladen und Klischees, in welche sie sonst gedrängt werden. Oder etwa nicht?

Auf Bierfesten wird neben dem Bier vor allem die Götterdämmerung, die Regression und der allgemeine Niedergang gefeiert. Das macht Bierfeste zu etwas Transzendentem. Das wissen auch Gustavo Dudamel, Lang Lang, Hilary Hahn, Herta Müller und Ingo Schulze, als sie gemeinsam im Auftrag von arte über ein Bierfest ziehen und den Versuch unternehmen, sich von einem beschwerlichen Tag auf der Bühne oder am Schreibtisch zu entspannen. Hier stört, hier nervt keiner: Zwischen Bierstand und DIXI-Klos sind sie sicher vor Fans und Autogrammjägern. Keiner kennt sie, selbst in nüchternem Zustand. Während Dudamel versucht, an sein *Simón-Bolívar-Jugendorchester** zu denken, ohne sein *imposantes Haupthaar* in die überall herumstehenden Plastikbiergläser zu tauchen, fragt sich der *dynamische* Lang Lang, ob er nicht an die zahlreichen Besucher am 5,0-%-Stand eine *Konzertreise* nach *Peking* verkaufen könnte, schließlich ist er *Han-Chinese*, und die haben ein Gespür für *Zukunftsmärkte*. Anna Netrebko stöckelt *gravitätisch* über heruntergefallene Thüringer-Röstbratwürschen ohne Darm und *lächelt zuckersüß*. Hilary Hahn erklärt zwei vorbeigehenden Polizisten bereitwillig, sie spräche *Deutsch*. Bei einer Namensträgerin wie Herta Müller wird dies automatisch vermutet; sie untersucht, ob sich Plastik-Biertischgarnituren zur *Buchsignierung* bei gleichzeitigem *Zigarettenkonsum* eignen. Ingo Schulze ist angestrengt: Er geht davon aus, dass Bierfeste schon bald von *Energiekonzernen* gesponsert werden, und überlegt, ob er nicht selbst ein Bierfest organisieren sollte. Er will auf eine Speise verzichten und das *Geld spenden*.

Die Netrebko und *der* Lang Lang beweisen kulturkonform sogenannte Führungsqualitäten, indem sie entscheiden, dass die Gruppe an der »Feldbeckerey«, einem mobilen Mittelalter-Backwaren-

* Durch Kursivsetzung hervorgehobene Wörter sind einmalige wie typische Schlagwörter, die in keinem einzigen medialen Bericht über die jeweilige Person fehlen (dürfen).

Stand, einkehrt, um ein »Pfaffenglück« zu essen. Hier haben sich im Unterschied zu den benachbarten Bierständen nur wenige Besucher zusammengefunden. Diese Tatsache ist unseren Promis eher unbekannt, schließlich sind sie normalerweise Ursachen für Massenzusammenkünfte, Facebook-Fanseiten und Parkplatzeinweiser. Andererseits wird an den Biertresen eindeutig viel zu laut »Schlaaand, Schlaaaand, Schlaaand« (bierselige Kurzform von Deutschland) von grobporigen Meuten geschrien. Auf diese Weise geraten gute Gespräche unter Kollegen sowie der Glaube an eine europäische Leitkultur in Gefahr. Die Kollegen sitzen jetzt alle gemeinsam auf der Festzeltgarnitur »Fun Star« und mümmeln ihr rustikales Abendessen. Anna Netrebko sagt: »Es ist eine schmerzfreie, schnelle und wunderbare Erfahrung!« und *lächelt zuckersüß*. Lang Lang rechnet den Preis des mittelalterlichen Gebäcks in Renminbi um und überlegt, ob er die Spezialität bei seinen *Konzerten in Peking* vertickert. Hilary Hahn erzählt dem Brötchenverkäufer über ihre Tournee-Maus Mars – *auf Deutsch*. Herta Müller sucht die *Gedächtnislandschaft* in der Bretterbudenwelt und Ingo Schulze erahnt *Refeudalisierungstendenzen* beim Anblick des mittelalterlichen Bäckers. Dabei fragt er sich, ob Dudamel seine *Frisur* von ihm übernommen hat, und überlegt juristische Schritte. Ein Alleinunterhalter mit Namen Torsten Q tritt auf. Er erinnert an Trude Herr in ihren besten Jahren und singt mit scheppernd-bassierender Untermalung: »Finger in den Po, Mexiko«. Anna Netrebko *lächelt zuckersüß*. Lang Lang schätzt sein *Honorar* vom letzten Auftritt. Hilary Hahn hat mitgesungen – *auf Deutsch*. Herta Müller erinnert sich an *Hermannstadt*.

Ingo Schulze nimmt mit geballter Faust Anlauf und haut Gustavo volle Kanne einen in die Knabberleiste. Erst nach mehreren wuchtigen Schlägen wehrt sich der venezolanische Ausnahmemusiker, indem er den Rest der Mannschaft schwungvoll von der Biergarnitur stößt und dann mithilfe des Sitzmöbels emphatisch auf den deutschen Essayisten eindrischt. Anna Netrebko quält derweil Hilary Hahns Maus mit den Absätzen ihrer hohen Schuhe. Hilary schreit – auf Englisch – und rezitiert in ihrer Verzweiflung Verse aus Sergio Bambarens »Höre nie auf zu träumen«. Lang Lang nutzt das Tohuwabohu, um den Beckereyfachverkäufer und seine studentische Aushilfe mit *extrovertierter Gestik* und sechs Handkantenschlägen niederzustrecken und die Kasse einzusacken. Er strahlt.

Die öffentliche Pose fällt.

Die Selbstdarstellung im Sinne der Vorstellungswelten ihrer Anhänger bricht zusammen.

Erwartungshaltungen werden durchbrochen.

Alle taumeln erhaben über den Grand wie Bowlingkegel in den ersten Sekunden nach dem Aufprall.

Torsten Q singt: »Das ist Wahnsinn.«

Sie sind nun Teil der Welt.

Sie sind zu Menschen geworden.

Halten wir fest: Auch die Einmaligsten unter den Einmaligen sind normale Wesen, deren Träume und Wünsche klein und überschaubar sind – denn nichts von den beschriebenen Details des Bierfestes wurde frei erfunden (ausgenommen die Schlussszene). Nur die Bierfestgeschichte als solche. Selbst die Großen essen Würste mit und ohne Darm, haben Mäuse als Haustiere oder wollen viel Geld verdienen, damit sie nicht neben der Autobahn wohnen müssen und im Optimalfall ihre talentfreien Geschwister finanziell unterstützen können. Profan? Vielleicht, aber dennoch lebt die mediale Welt ausschließlich vom Ausschluss der Normalität aus der Berichterstattung. Was massenhaft »funktioniert«, ist allenfalls die Vorstellung vom Unnormalen. Dabei geben selbst weit vorausschauende Trendforscher wie Matthias Horx zu bedenken: »Wir können uns die Zukunft immer nur als Apokalypse, Konsumhölle oder absurden Comicstrip vorstellen. Wenn wir aber einmal dort sind, wird sie sich als ganz normaler Ort zum Lieben, Heiraten, Autofahren und Kinderkriegen erweisen«. Einmalige Prominente und abgedrehte Zukunft – zwei Bereiche, die nur in der Fantasie existieren.

Die Lust am Tabubruch, der keiner ist

Die Promis ticken wie wir anderen Einmaligen. Wir Einmaligen haben heute doch schon alles gesehen, alles gemacht, alles erlebt. Da haut uns eigentlich nichts mehr um. Da muss es schon die große Sensation sein, wenn wir uns von Wii Sports weg – und hinein in die trostlose Realität begeben sollen. Künstler, denen in der Regel ein feinsinniges Gemüt nachgesagt wird, haben davon wohl auch schon Wind bekommen. Wer Aufmerksamkeit will, der muss sich schon etwas Besonderes ausdenken, um mal anständig aus dem Rahmen zu fallen. Schließlich macht das ja den Künstler aus. Der Alleserklärer Sloterdijk vermutet sogar, dass »Künstler in der Regel nur noch mit der Wahrung des Scheins von Innovation befasst« seien. In einem Zeitalter, in dem vieles, wenn nicht alles definiert, berechnet und versichert (»hyperrückgekoppelt«) ist, kann allein die Sensation noch kurzfristige Aufmerksamkeit hervorrufen. Nur so kann der »kollektiven Langeweile« mal kurz entkommen werden und unsere Existenz wird zu etwas Einmaligem ...

Was eine Sensation ist, davon haben wir ganz bestimmte Vorstellungen. Mit derartigen Erwartungshaltungen agieren wir Einmaligen. Kein Klischee, welches in Zeiten höchster Individualität nicht doch besteht und sorgsam gepflegt wie gebrochen wird. Besonders verbreitet ist die Versicherung eigener Besonderheit mithilfe der gezielten Integration artfremder Elemente: Künstler spielen Künstler und suhlen sich in Attributen, die für den »typischen« Künstler stehen. Manchmal durchbrechen sie ebendiese, um kurzzeitig das »Feuer der Sensation« zu entfachen. Um einmalig zu sein, machen wir es dem Künstler nach: Wochenendliches Sonnenbrille-Flanieren vor Häuserbarrikaden = Hamburger Schanzenviertel. Extensives Szene-Clubbing mit Weekendrate im Designhotel = Berlin-Mitte. Gruftsightseeing und Besuch »auf der Burg« = Wien. Speziell den sorgsam gebildeten Akademiker ziehen Prolitüde und Skandalon manisch an.

Dabei tun wir so, als wäre das alles ganz normal, unaufgesetzt und chillig. Denn unsere Einmaligkeit drückt sich einmalig in unserer Lässigkeit aus: »Endlich mal fünf gerade sein lassen«, »Ich verbiege mich nicht. Mein Herz schlägt schließlich immer noch links. Ich weiß, wo ich herkomme«, und überhaupt: »Weißt du, ständig diese schicken Restaurants in FRA und MUC. Die will ich einfach nicht mehr in meiner Freizeit sehen ... ich brauche mal wieder richtiges, echtes Leben.«

Wenn das nicht mehr reicht, um aus der Masse der Krawatten- oder Kostümträger herauszustechen, greifen sogenannte Hedonisten auch gerne zu härteren Maßnahmen: Trekkingtouren in Nepal, E(!)-Gitarrenunterricht, Fernstudium, Buchautor werden, Currywürste auf Partys und Anschaffung einer Harley-Davidson (ab 53). Die Volks-Attitüde als Mittel der Selbstdifferenzierung – die DDR hat dies nie erreicht. Dabei ist die Verbrüderung mit den Massen feinst dosiert, die Dosis macht die Wirkung: Da geht der Konzernvorstand auch mal beim USC Paloma mit der 4. Herren am Klinikweg bolzen. Gemeinsames Duschen unter Schimmel und Kalkablagerungen inklusive. Dieses Phänomen, dass sich erfolgreiche Menschen partiell für »typische« Kulturerrungenschaften der Unterschichten begeistern können, hat Pierre Bordieu schon vor dreißig Jahren herausgearbeitet. Auch der Gewerbeimmobilienmakler vom Potsdamer Platz steht gerne regelmäßig beim G8-Gipfel in vorderster Protestfront – aber erst, nachdem er sich sozialkonform einen schicken schwarzen Kapuzenpullover aus der Ecodesign-Buhtikke gegönnt hat.

Bourdieu macht diese Milieuvermischung am Beispiel von

Rugby deutlich: »Rugby, das die populären Züge des Ballspiels und des Wettkampfspieles vereinigt, bei dem unter Einsatz des ganzen Körpers und ›natürlicher‹ körperlicher Eigenschaften die zum Teil geregelte Äußerung physischer Gewalt erlaubt ist, weist starke Affinitäten zu den typischsten Einstellungen der unteren Klassen auf, wie Männlichkeitskult, Hang zur tätlichen Auseinandersetzung, Härte beim ›Kontakt‹, Ertragen von Schmerz und Müdigkeit, Sinn für Solidarität und Festefeiern, etc. Das verhindert nicht, dass es namentlich von Angehörigen der herrschenden Kreise innerhalb der herrschenden Klasse gelegentlich zum Gegenstand ästhetisch-ethischen Interesses gemacht und manchmal sogar von ihnen selbst aktiv betrieben wird.«

Die Wunderstruktur als globales Faszinosum
Marketingtechnisch analysiert haben diese »Fehlverwender« Freude an sozialer Irritation: Sie versichern sich ihrer Individualität, indem sie Eigenschaften zu vereinen suchen, die unerwartet sind. Das kommt immer häufiger vor: Die auf der Bühne Negligé tragende Konzertviolinistin, der bodybuildende Doktorand, der Kokain konsumierende Moralapostel ... Richtige Erfahrungen im Sinne von körperlicher Anstrengung haben einige energetische Naturburschen im Anzug noch nicht gemacht: Statt die Seelen armer Untergebener zu malträtieren, könnten sie einfach mal entspannt 14 Stunden Olivenbäume an einem Steilhang bei Montespertoli abernten; anschließend gibt's eine harte Staubstulle und Rotweinstein. Oder einfach (!) direkt ins Kloster. Für die spontane Feierabend-Abreaktion findet sich bestimmt noch ein kathartischer Fightclub in einer Tiefgarage im Frankfurter Bankenviertel.

Egal wie – kultursoziologisch betrachtet wirken hier sogenannte Wunderstrukturen: Es werden Gegensätze angenähert. Dinge, die wir nicht automatisch kombinieren, werden im freizeitlichen Habitus real: Prügeln und Promovieren (Dr. Klitschko).

Die massenseelische Faszination dieses Phänomens ist seit Jahrtausenden wirksam: Die Sphinx als Kombination von Mensch und Tier arbeitet mit dieser Unvereinbarkeit, aber auch das Christentum: Maria als Jungfrau und Mutter. In modernen Zeiten haben Präsidenten, die früher A-, B- oder C-Schauspieler waren, einen besonderen Charme. Der Verlag Gruner+Jahr startete 2009 das Magazin *Business Punk* mit dem Untertitel »Work Hard. Play Hard.« Auch hier wirkt ein Milieu-Wunder.

Der ZEIT-Journalist Ulrich Greiner würde diese Distinktionsvermischung als »Neue Bürgerlichkeit« erkennen und benennen, was darauf hinweist, dass sie in den Villenvierteln Leverkusens angekommen ist. Der ehemalige Feuilletonchef macht sich hoffentlich nach seiner grandiosen Wortschöpfung ein Pils auf. Denn dann wird auch schon der nächste Rentnertross, der bei ZEIT Reisen die Hamburg-Tour für 990 Euro gebucht hat, durch die Redaktion geschleust. (Anzeigenwerbung: »In der ZEIT-Redaktion berichten am späten Nachmittag im Großen Konferenzraum Vertreter der Redaktion über die neuesten Entwicklungen bei der ZEIT.«)

Vor dem Hintergrund der kulturübergreifenden Faszination derartiger Sachverhalte sind wir auf dem Bierfest einer Fantasie gefolgt: Inmitten eines Pissrinnenfestivals finden sich einige Granden der Feuilletonberichterstattung zusammen. In ihrer Funktion als Speerspitzen der Distinktion sind sie Projektionsflächen unseres distinguierten Selbstbildes. Die Fragilität eines Lang Lang, die Lebenslust einer Netrebko, der kritische Geist eines Schulze? Ja. Indem wir sie sichtbar konsumieren, ihre Bücher ins Regal legen, die Konzertkarten an die Magnetpinnwand in der Küche klemmen, die ZEIT aus dem Postkasten lugen lassen, werden wir als Personen inhaltlich aufgeladen. Waren und Dienstleistungen, egal ob Konservendose, Auto oder Bühnenstar, sind vergegenständlichte Manifestationen unserer öffentlichen Positionierung. Sie sind Sozialdächer, die uns einen bestimmten Auftritt garantieren und uns gesellschaftlich verorten.

Das gewalttätige Gedankenexperiment macht deutlich, dass selbst das Ausbrechen aus festgelegten Stilgrenzen in unseren Zeiten ein Massenphänomen ist. Wunder haben bisher noch immer ihre Marketing-Kraft entfaltet. Goethe schreibt in seinem Bestseller für einmalige Zitate (knapp vor Coelho und »Der kleine Prinz«): »Das Wunder ist des Glaubens liebstes Kind« – wahrscheinlich in der Zeit nach Gott noch viel, viel stärker.

GOTT 5.0

... und dann gibt es noch Spezis, die an GOTT glauben. Glaubt man allerdings behördlichen Statistiken, werden es immer weniger. Émile Durkheim hat 1912 in seiner Arbeit über die Elementarformen religiösen Lebens die traditionelle Gläubigkeit als System von definierten Vorstellungen und durchgesetzten Riten verstanden. Die Gemeinde der rituell Praktizierenden nenne sich Kirche.

Heute heißt das gesellschaftstheoretische Stichwort: Säkularisierung. Seit den 50er Jahren des vorigen Jahrhunderts hat sich die Anzahl der Konfessionslosen mehr als verzehnfacht, während Christen in manchen Regionen der Republik ähnlich verbreitet sind wie 3Sat-Zuschauer. Es gibt deutsche Landstriche, in denen nur noch 20 % der Bewohner einer Kirche angehören. Was das bedeutet, kann man an Sakralbauten direkt beobachten: Inzwischen zahlt der Gast auch im Berliner Dom Eintritt – sofern nicht gerade Volkstrauertag ist. Ja, Kirchen entwickeln sich zu archäologischen Stätten mit lärmenden und schulmeisterlichen Aufsichtspersonen, die ihr aufgetautes Coppenrath & Wiese-Törtchen in der Apsis mümmeln. Höchstens das Orgelkonzert wird noch massengängig praktiziert.

Der Souveränitätswille des Einzelnen und sein Umgang mit kirchlich vorgegebenen Amtshandlungen ist realer Niederschlag dieser Entwicklung: Zwar heiraten wir gerne in romanischen Sakralbauten in direkter Bachlage, aber »die Dogmen der katholischen Kirche zur Verhütung und auch der Zölibat entsprechen nicht meiner persönlichen Haltung. Unser Pastor allerdings, der ist da vollkommen anders. Der sieht das alles nicht so eng, hat er uns im Vorgespräch gesagt.« Spätestens das Anstimmen des »Ave Maria« (»Wir haben die Version von Gounod gewählt. Die Variante von Schubert wird ja immer gespielt.«) durch eine unsichere Konservatoriums-Studentin macht uns die generationsübergreifende religiöse Verwurzelung doch noch kurzzeitig bewusst.

An dieser Stelle kommt der berühmteste Meßkirchener erneut ins Spiel: Martin Heidegger schrieb davon, dass der Mensch in das Leben geworfen sei. Nichts hat einen Grund oder eine Bestimmung. Es ist nicht auflösbar, warum einige Menschen behütet erwachsen werden dürfen, während andere im Sahel um das Überleben kämpfen. Es gibt keine Erklärung für die »Lotterie des Lebens«. Unerbittlich versuchen wir, unser einmaliges Leben in irgendeinen Sinnzusammenhang zu stellen. Religionswissenschaftler sprechen von Kontingenzbewältigung. Die Vorstellung, dass unsere Existenz einfach endet, wenn es zu Ende ist, wäre ansonsten unerträglich – vor allem, wenn man sich so einmalig und unersetzbar fühlt wie wir.

Der Einmalige ist allerdings kein Agnostiker und auch sonst kein Teufel (gerade einmal 10 % verneinen die Existenz eines Gottes vollkommen). Stattdessen haben wir die klassische Religiosität durch eine »persönliche«, man könnte sagen individuelle Religiosität ersetzt. Der Einmalige glaubt gerne an die Existenz von Jesus, aber dass die Hostie, die Pastor Staudt ihm gerade auf die verschmutzte Handfläche legt, wirklich »der Leib Christi« ist, das wird schon schwieriger. Der Einmalige ist in Bezug auf seine Religiosität funktional und höchst autonom verpolt. In diesem Zusammenhang sprechen Religionssoziologen gerne vom »Patchwork-Glauben«: ein wenig Himmel, ein wenig Hölle, ein wenig Buddha und Yoga mit tibetanischen Gebetsfahnen über der Balkonbalustrade (dazwischen Regenbogen-Pace-Fahne), während wir den letzten Drewermann durchblättern, eifrig nicken und denken: Ja, so müsste meine Kirche sein. Alchemie, Astrologie, Astronomie, Alnatura und Atomphysik, bis es zum Selbstbild passt. Hier ist nichts mehr vorgegeben. Das ist Kirche als demokratisches System.

Und wenn wir wieder einen neuen, passenderen GOTT wählen, der die »Herausforderungen der Zeit« vermeintlich besser bewältigt, dann gratuliert der Abgewählte dem Neuen per Handschlag wie einst Helmut Schmidt dem Helmut Kohl. Ja, das wäre ein funktionierendes System, und die Presse könnte den Triumph der Demokratie verkünden.

Demut bezeichnet im christlichen Verständnis eine Haltung, die die persönliche Begrenzung in Hinblick auf einen vollkommenen Gott annimmt (ansonsten wäre Gott ja nur ein Mensch). Aufgeputscht vom Zeitgeist, der die individuelle Entscheidungsgewalt in den absoluten Vordergrund rückt, glauben wir allerdings, auch beim Absoluten ein Wörtchen mitreden zu können – schließlich ist die Zeit der Sklaverei und des Drei-Klassen-Wahlrechts vergangen. Jedes ausgelobte PUNKT-NULL an einem neuen Angebot bedeutet: Optimiert. Im Verständnis unserer Zeit will das sagen: Noch genauer, noch sensibler, noch individueller auf meine persönlichen Ansprüche und Bedürfnisse zugeschnitten. Egal ob gestalterisch individualisierbarer NIKE-Sportschuh oder Gott als soft-fact basierte Servicestation (mit regelmäßig erfolgenden Updates: GOTT 6.0, 7.0, ...) – Erfolg hat in dieser Welt nur das Angebot, das den Kunden »ganz doll in den Mittelpunkt rückt«. Der Einmalige meint sich Bedeutung zu verschaffen, indem er seinem Gott als gutem Kumpel begegnet. Das ist mitunter sehr praktisch: Unter Freunden gibt es im besten Fall keine Anweisungen und

Anforderungen, sondern eigentlich nur Freiwilligkeiten und Lebenstipps. Wie praktisch: Ab jetzt begegnen wir GOTT aufgrund des Convenience-Faktors als GÖTTER.

Differenzierung mittels Wellenlänge: Der Deutschlandfunk

Ach ja, und dann lieben wir den Deutschlandfunk. Für viele inzwischen grau gereifte Menschen fand die erste Begegnung mit dieser Rundfunkanstalt in öffentlicher Mission auf tagelangen Autobahnfahrten statt. Im Gegensatz zu den Multimediastationen der Car-Infotainment-Gegenwart inklusive 40 voreingestellter Sender war das Suchen und Finden hörbarer Rundfunkstationen in unseren Autos bis in die 1980er Jahre beschwerlich. Alle vier Kilometer musste Mutti auf dem Beifahrersitz das Stellrädchen des Blaupunkt-Radios Hildesheim behutsam drehen, in der Hoffnung, irgendeinen Sender einigermaßen klar auf die Boxen zu bekommen. Spätestens nach der ersten Rast wurde diese Fronarbeit aufgegeben, weil auch Vater es nicht richten konnte. Eine beruhigende Kontinuität der radiologischen Untermalung gab es so gut wie nie, ungeteilter Radiogenuss nicht möglich.

Einzig der Deutschlandfunk bot dem Rauschen Einhalt, seine nationale Sendestärke führte zu Kontinuität auf der Skala und in der Fahrgastzelle. Auch heute noch bietet der Deutschlandfunk Verlass im Weltentaumel. Seine Hörerschaft prägt das verbindende Gefühl, einer Elite anzugehören. Im Gegensatz zu Tausenden Austauschsendern verlangt diese Radiomarke das abgehoben Uncoolste, was man von seinen Mitbürgern aktuell erwarten kann: Zuhören. Wir Einmaligen leben in einer Epoche, in der wir unsere Kompetenz und soziale Stellung dadurch manifestieren, dass wir ununterbrochen selbst senden. Twitter,

SMS, E-Mail & Co. machen's möglich. Außerdem wissen wir immer alles; was wir nicht wissen, eignen wir uns in Sekundenbruchteilen an. WLAN, Google und Wikipedia sind das Zepter der Einmaligen. Zuhören ist dagegen echt antiquiert.

Aber der erfolgreiche Mittvierziger weiß trotzdem, warum es sich lohnt, den Sender einzuschalten: »Weil man da morgens im Auto wirklich alle wichtigen Nachrichten hören kann.« Strukturell ist dies vergleichbar mit der Erklärung, die *BILD*-Zeitung nur wegen des Sportteils zu kaufen. Kunsttherapeutinnen, Lehrer und alle Berufsgruppen, die absolut nie in der »freien Wirtschaft« arbeiteten, verweisen stattdessen auf Themenschwerpunkte im Programm. So ist beim Mittagessen in der Betriebskantine (nicht unweit der Verdi-Pinnwand) zu hören: »Das Feature zu den Grenzen des Wachstums war ausgesprochen gut recherchiert.« Manchmal ist auch die »Lesung im Literarischen Colloquium Berlin« äußerst erheiternd.

In seiner Positionierung als »Radio für Deutschland« verkörpert der Sender exemplarisch kollektive Identitäten: Der Deutschlandfunk ist ein Musterstück deutscher Wertarbeit – so wie eine Zündkerze von Bosch. Wer hier zuhört, kann nichts falsch machen. Auf den Wellen ist alles bestens geordnet. Der Tag beginnt und endet stets mit den Nachrichten. Das Programm folgt Montag bis Freitag einem Schema, mit dessen Regelmäßigkeit allenfalls Karthäuser-Klöster mithalten könnten. Auch Sonnabend und Sonntag folgen einer definierten Struktur – es darf hier und da etwas mehr »frei« geredet werden, schließlich herrschen bundesgesetzlich geregelte Freizeiten. Während beim französischen Pendant des Deutschlandfunks namens France Inter die Moderatorinnen und Moderatoren erbarmungslos ihre Sendezeiten überziehen und die Nachrichten eine, mitunter zwei Minuten nach der vollen Stunde beginnen, sind auf dieser Frequenz Überziehungen ebenso unmöglich wie die Abdankung des Papstes. Die Nachrichten sind die Monstranz deutscher Rationalität. Sie bilden die stabile Form, in der das Chaos des Restglobusses organisiert und ungefährlich vor sich hin brodelt.

In der Kernsendezeit spielt Musik nur insofern eine Rolle, als sie gewollt ihrer emotionalen Funktion beraubt wird: Musik wird eingeblendet, um sie vier Sekunden später auszublenden. Die autonome Bürgergesellschaft soll schließlich auf Fakten und nicht auf Gefühle reagieren. Erst wenn die Sonne über Deutschland untergegangen ist, herrscht Platz für Müßiggang und kontrollierte Emotionspflege. Mehrstündige Musikfeatures und Konzerte geben der Hochkultur eine Frequenzbühne. Selbst die äußerst anstrengende »Musica Nova« darf sich hier in die Hirne der Zuhörer hämmern. Dies vor dem Hintergrund, dass Stockhausen inzwischen in erster Linie ein anerkannter Systempartner für die Gastronomie ist und Maischolle statt Obertonmusik liefert (Kontakt: Tel. 04 101/30 500).

Weil zur Hochkultur auch die Lyrik zählt, hat das Gedicht als überraschendes Element eine hervorzuhebende Rolle in der Programmatik eingenommen. Dreimal pro Tag wird unangekündigt das jeweilige Programm durch die Rezitation eines Gedichtes unterbrochen. Sternschnuppengleich tauchen sie im Alltag und in der festen Struktur auf, um nach gut einer Minute zu verglühen. Unerwartet erwartet lässt das Gedicht den Hörer kurz innehalten und macht konkret: Ja, hier herrscht Hochkultur, und ich bin dabei.

Europa- und Nationalhymne beschließen jeden Tag aufs Neue und erzählen von den Abenteuern und Heldentaten, die unsere Vorfahren für uns überstanden haben. – So können wir wahrhaft beruhigt zu Bett gehen. Ja, auch du bist Deutschland.

Ähnlich statisch wie Programmschema und Musikauswahl präsentiert sich die Moderation: Menschen mit Namen wie geistige Monumente begleiten uns durch den Tag: Vladimir Balzer, Bernd Musch-Borowska, Volker Finthammer, Levent Aktoprak,

Jürgen Zurheide, Hartmut Kriege, Barbara Schmidt-Mattern thematisieren, moderieren, sensibilisieren. Wir sind sicher: Sie wuchsen behütet mit Violoncello und Hesse unter einem frei stehenden Birnenbaum auf. Ihr jugendlicher Blick haftete auf dem Raps der umwaldeten Vorstädte und nicht auf sozialen Brennpunkten. Sie erzeugen mit ihrer Stimme eine Idee des feingeistigen »Dahinter«. Ihre Fragen sprengen die Sphäre des Alltages. So erkunden sie im Kulturmagazin »Fazit«, »wie das Dirigat war«, stellen eine »großartige Peinture« und »somnambule Séancen« bei Neo Rauch fest und schließen das Interview mit dem örtlichen Theaterkritiker über die Premiere am Schauspiel Bochum: »Wie war denn das Bühnenbild?«

»Aus Religion und Gesellschaft« beglückt den Klerus und gefühlte Novizen mit Nachrichten aus der Welt des Glaubens und der Kirche. In den Börsennachrichten werden Tag für Tag Goldpreise abgefragt und der Wertpapiermarkt in Tokio auseinandergenommen. Einmal wöchentlich darf die Bürgergesellschaft in Form der Sendung »Journal am Vormittag« per Telefon und Fax mit Experten debattieren. Engagierte Menschen, die sich für Krötentunnel einsetzen und ohne Zucken ständig über ihren Nachwuchs dozieren: »Unser Hubertus spielt ja Horn.«

Der Deutschlandfunk ist eine Bastion der Distinktion: Er ist Aufklärung, der kategorische Imperativ, »Bürger Grass« als Radiostation. Mit seinem Konsum macht der Einmalige deutlich: Ich bin eine autonome Persönlichkeit. Auf Basis der mir vorliegenden Informationen konstruiere ich mir ein *eigenes* Bild der Welt in all ihren Facetten. Hier wirkt etwas, das Bourdieu als »sozialen Code« bezeichnet. Geschmack klassifiziert und manifestiert die soziale Position: »Denn kein Merkmal und keine Eigenschaft, die nicht zugleich auch symbolischen Charakter trüge [...].«

Wer diesen Sender hört (oder es vorgibt), macht klar, dass er – wenn überhaupt – arte sieht, Biokisten abonniert, Reiswaffe(l)n an Kinder verteilt, Bauhaus mit Dessau und nicht mit Akkubohrern in Verbindung bringt, dass er regelmäßig *The National* und das Bach-Requiem hört, Bücher gekonnt unaufgeregt in die Wohnzimmergestaltung integriert, Bilder bestimmt nicht bei IKEA kauft, niemals aufhängt, sondern an Wände lehnt, nach dem ersten Kind Gated Community-Hotel-Fincas im mallorquinischen Hinterland bucht, das Jüdische Museum in Berlin mehrfach durchschritten hat und den »Raum der Stille« sehr betroffen erfahren durfte. Seine Blumensaat versieht er mit Pflanzschildern. Er besitzt eine Jura-Espresso- sowie eine KitchenAid-Rührmaschine, die er auf der Granit-Arbeitsplatte der offenen Küche drapiert hat. Statt Koniferen ziert rhizomfreier Bambus seine Auffahrt. So viel zum Idealbild. In der Normalität entpuppt sich die Hörerschaft als Ansammlung verkannter Genies, verkrachter Gelehrter und unentdeckter Künstler, deren Ich-Ideal für einige Sendeminuten ganz im Einklang mit ihrer realen Lebenswirklichkeit zu stehen scheint.

Karl Marx hat klar erkannt, dass jede Ware und jede Dienstleistung – auch das Auswählen einer Radiostation – neben ihrem Produktcharakter immer vergegenständlichte Sozialbeziehungen sind: »Eine Ware scheint auf den ersten Blick ein selbstverständliches, triviales Ding. Ihre Analyse ergibt, dass sie ein sehr vertracktes Ding ist, voller metaphysischer Spitzfindigkeit und theologischer Mucken.« Erst wenn Produkten spezifische Eigenschaften zugeordnet werden, rücken sie verstärkt in das Auge des Betrachters: Waren und Dienstleistungen sind erst als Subjekte Objekte. Sie sind kollektive Gedankengebilde des Kulturlebens. Ihre kontinuierlich gepflegten Eigenschaften bilden ein positives Vorurteil beim Publikum aus. Goethe hat die Macht des Vorurteils im »Polemischen Theil« seiner Farbenlehre wortgewaltig zusammengefasst: »Im Wissen wie Handeln entscheidet das Vorurtheil Alles, und das Vorurtheil, wie sein Name wohl bezeichnet, ist ein Urtheil vor der Untersuchung. Es ist eine Bejahung oder Verneinung dessen, was unserer Natur entspricht oder ihr widerspricht; es ist ein freudiger Trieb unseres lebendigen Wesens nach dem Wahren, wie nach dem Falschen, nach Allem, was wir mit uns im Einklange fühlen.«

Das Anlehnen an bestimmte Äther-Wellen bejaht unser imaginiertes Selbstverständnis und beruhigt uns in wilden Zeiten. Auch wenn wir unser Studium der Soziologie und Politologie nie abschließen konnten, so bleibt der Deutschlandfunk. Auch wenn wir einst glaubten, den Chemie-Nobelpreis zu gewinnen, und jetzt Englischlehrer auf Vergütungsstufe BAT IVb sind, so bleibt der Deutschlandfunk. Auch wenn unsere Schwarz-Weiß-Radierungen von Freunden sehr geschätzt wurden und heute im regionalen Wochenblatt zwischen der Lidl-Anzeige für Schweinenacken und dem Bestattungsinstitut Wolff klemmen, so bleibt der Deutschlandfunk.

Anhänger von Dienstleistungs- und Warenmarken haben den Vorteil, in den allermeisten Fällen unsichtbar zu sein. Obwohl Hunderttausende tagtäglich zum Nutella-Glas greifen, sind Fan-Aufläufe eher selten, es ist eine geistige Verbundenheit. Der Markensoziologe Alexander Deichsel schreibt lebensnah: »Die Produktmarke als Herdfeuer, um das wir uns vertrauensvoll versammeln.« Obwohl täglich Hunderttausende den Deutschlandfunk hören, hat jeder das Gefühl, das Programm sei nur für ihn allein. Bei kleinen Kindern ist beobachtbar, dass sie die umgebende Welt, jeden Stein, jedes Haus und jeden Marienkäfer als allein präsent in ihrem Leben wahrnehmen. Alles ist für sie gemacht – ähnlich widerfährt es uns beim Hören der Wellen. Leider nur der Radiowellen.

Was bleibt, ist eine Blaupause von Bedeutung, die den Zuhörer wichtig macht und sein VIP-Selbstwertgefühl stabilisiert. Halten wir fest: Die in 99 % aller Fälle spätestens mit 36 rückhaltlos entzauberten Biografien unseres Normalo-Lebens brauchen viele Vehikel, um ja kein Realitätsbewusstsein zu entwickeln. Im Deutschlandfunk erfährt die Zuhörerschaft eine beharrliche

Quelle für ihr gesellschaftliches Selbstbildnis und kann auf höchstem Niveau sämtliche Lebensniederlagen verdrängen. Wie sagte Oscar Wilde:»Nur der Schein trügt nie.«

Philosophieren als TV-Testbild-Ersatz: Das ZDF-nachtstudio

Mit Einbruch der Dunkelheit kommt der Mensch zur Ruhe. Selbst in der Genesis beginnt der schöpferische Akt erst, nachdem es »Tag« wird. Der Abend und die Nacht gehören einer Sphäre an, die dem tätigen Handeln, Entwickeln und Erschaffen des Tages gegenübersteht. Die Nacht ist leise, die Nacht ist abstrakt, sie ist, so schrieb Shakespeare, »vom selben Stoff, aus dem die Träume sind, und unser kleines Leben deckt ein Schlaf«. Auch Eichendorff besang hymnisch »Die Nacht«, weil in Wäldern »das alte Märchen hallt« und im »Mondenschimmer die Gedanken stehen« ...

Das Bild der Nacht hat sich in der Moderne entscheidend gewandelt. Ausgestorben sind romantische Vorstellungen, die diesen Zeitraum als Kontemplationsterritorium, als Ruhezone deklariert hatten. Bis vor Kurzem erhielten Angestellte Nachtzuschläge, weil sozial anerkannt wurde, dass die Tätigkeit in der Nacht keine Normalität ist. Das hat sich in Zeiten von »Globalisierungistjasoschlimm« verändert: Achtung! Der durchschnittliche Chinese braucht keinen Schlaf.

Gleichzeitig umfasst die Nacht heute »Party machen« und willenlose Freundschaftspflege in den Netzwerken, bis das WLAN havariert. Diesen Aktivitäten ist gemein, dass sie mit Begrifflichkeiten operieren, die irgendwann einmal höchst privat belegt waren. Früher hat »die Karin eine *Party* mit Mozzarella und Balsamico-Dressing zur bestandenen Heilpraktiker-Prüfung« gegeben, jetzt bezahlen wir für die garantiert unpersönliche »Golden Passion *Party*« in der Diskothek Atrium in Kiel 5 Euro Eintritt (»Ladys frei«) und dürfen uns dort zu fortgeschrittener Stunde mit Heizungsinstallateuren im zweiten Lehrjahr dreschen.

Dass in unserer Gesellschaft nichts mehr so ist wie vor 20 Jahren, wird an derartigen Bedeutungszuweisungen ziemlich deutlich. Sprache war für den Ahnherrn der deutschen Soziologie, Ferdinand Tönnies, erinnertes Leben, geronnene Erfahrung und durchgesetzter Wille. Wenn die Sprache in so kurzer Zeit das Private ökonomisiert hat, dann gibt es für nachfolgende Generationen eigentlich keine Hoffnung mehr. Statt Apfelbäumchen zu pflanzen wäre es für Hoimar von Ditfurth heute vollkommen ausreichend, sich noch schnell im McDonalds Drive-In einen McRib zu bestellen: Schneller Genuss und Convenience-Gedanke haben gesiegt, egal ob die Welt untergeht oder nicht..

Wie viel Erfahrung wert ist, zeigt ein Blick auf das wechselnde Trainerpersonal beim HSV. Erfahrung zählt nur, wenn sie kurzfristig messbar ist. Darüber hinaus sind die erworbenen Kenntnisse und Werte einer Generation vollkommen wertlos und irrelevant geworden. Was bleibt, ist der verbale Rückgriff auf sogenannte menschliche Qualitäten wie Freundschaft, Ehrlichkeit, Mitmenschlichkeit: abstrakte Begrifflichkeiten, die immer im Konjunktiv auftreten und nie und nimmer verwirklicht worden sind. Der russische Soziologe Moissej Kagan definierte Kultur – gerade weil es kaum einen unklareren Ausdruck gibt – ganz simpel als das, »was und wie die Menschen produzieren«. Die soziale Vererbung und damit der Hintergrund von Kultur sind in der westlichen Hemisphäre zum Stillstand gekommen. Das Einzige, was hier noch produziert wird, sind ein paar kreative Gedanken im Rahmen von Design und Marketing, manchmal auch noch überteuerte Autos. Das aber zumeist am Tag.

Früher war die Nacht fernsehfrei. Mit dem Sendeschluss (!)

wurden die letzten Nachrichten des Tages verkündet, bevor ein zu diesem Zweck altväterlich bebrillter Hans-Joachim Kulenkampff noch einige literarische Gedanken zur Nacht preisgab. Dann durchzuckte den Schirm ein Blitz, und das Testbild samt Hochfrequenzton begann. Das Testbild manifestierte im Meer medialer Möglichkeiten das Ende des Ozeans. Indem das Programm abschloss, machte das Fernsehen seine Funktion als Teil der Welt deutlich, es suggerierte nicht, *die* Welt zu sein. An diesem Punkt endete die Fernsehzeit und es begann das weitgehend eigenkonzipierte Leben. Machen wir uns nichts vor: Ein Fernsehapparat ist so unorganisch rechteckig wie lebensfremd. Denn wir erleben nicht mehr, wir erfahren nur noch.

Heute gibt es keine Fernseh-Testbilder mehr. Auf einem Blog berichtete der Autor, dass er ein Kind der»Post-Testbildära« sei – früher gab es Nachkriegskinder! Heute reduzieren sich kollektive Erfahrungen größtenteils auf Medienereignisse. Auf Privatsendern werden nachts vor allem Action-Filme, Kopulationsstimulierungen und Nullintelligenz-Ratespiele gezeigt, um den Audienceflow nicht zu stören und Below-the-line-Anbietern günstige Werbezeiten bieten zu können: Trash macht Cash.

Die Fernsehsender mit Bildungsauftrag haben das unendliche Programmschema genutzt, um dem Denken endlich den Platz einzuräumen, der dem Denken seit jeher zusteht: die Randlage. Als Testbildersatz und mit wenig Mehrkosten schuf beispielsweise das ZDF 1997 das ZDF-nachtstudio mit dem staatsexaminierten Frontphilosophen Volker Panzer: ein Archetyp der Intellektualität in Zeiten seelischer Unwirtlichkeit. Das Konzept der Sendung macht in eigenen Worten die semantische Nähe zum Testbild deutlich: Das ZDF-nachtstudio »dokumentiert die Möglichkeiten des Mediums Fernsehen, dem Sog der Selbsteinbildungen, den es selber nährt, zumindest einige Wellenbrecher entgegenzusetzen: den interdisziplinären Diskurs, den statementbereinigten Gedankenaustausch, die freie Assoziation im besten psychoanalytischen Sinn.« Menschen im Gespräch aus purer Freude an der schwertfreien Konfrontation ihrer Gedanken. Damit betreibt das nachtstudio ein wenig Mimesis an die Natürlichkeit des frühen Fernsehens und seiner noch nicht medial spiegelglatt gebürsteten Akteure.

Als Requisite dienen TV-Kamine, sorgsam filmisch inszenierte Büchertische mit den Publikationen der Diskutanten und die Berufskleidung des Wissenschaftlers oder Intellektuellen: Jeans, Sakko oder unmodische Dreireiher in unmöglichen Farben. Weibliche Studiogäste haben den Femme-fatale-Look professionalisiert: Lockeres Lachen und wetterwiderständige Welle mit tiefroter Nagelage kombiniert. Volker Panzer trägt eine alberne Anstecknadel mit dem Logo der Sendung und macht damit seine subkutane Begeisterung für George W. Bush und Roland Koch deutlich, die mit dem Blödsinn anfingen. Ansonsten herrscht bildlich der Purismus. Hier wird diskutiert: über »Glück«, den »freien Willen«, den »Islamismus«, den »Terrorismus«, den »Fatalismus«, den »Wind«, die »Berge« ...

Erst in Hinblick auf die Abstraktionsbreite der Themen enthüllt sich die Strahlkraft der Sendung zur Gänze. Wesentlich für das Diskutieren in der Nacht ist der Ausschluss der Öffentlichkeit. Die Vorstellung des vereinsamten, unverstandenen Denkers, der im stillen Kämmerlein vor sich hin brütet, wird über den Sendezeitpunkt aufgegriffen. Indem der Einmalige die illustre Diskutanten-Runde medial in seine Bude einlädt, wähnt er sich in den Salons von München-Schwabing vor dem 1000-jährigen Reich oder bei konspirativen Dissidenten-Treffen in Berlin-Friedrichshain vor der Wende.

Klugheit macht allerdings einsam: Die tiefe Freude am Unverstandensein aufgrund von Intelligenz in einer bräsigen Welt findet endlich einen Anlaufpunkt. Das nachtstudio ist der Petersdom der Menschen, die von sich annehmen, sie dächten noch. Innerlich strahlend, blicken sie während der Sendung ab und zu aus ihren Fenstern in die Dunkelheit der Nachbarschaft, um sich zu bestätigen, dass sie allein es sind, die an der Geistigkeit teilhaben: Schlaft, schlaft nur selig, ihr Spießer und strebsamen Angestellten, lasst das wahre Leben an euch vorbeiziehen ...

Es herrscht die Ruhe der Toten.

Diese Sendung will uns einreden, dass der sprachliche Austausch ein beziehungsstiftendes Momentum unserer Epoche sei. Hintergründig lodernde TV-Kaminfeuer erinnern an Zeiten, als Sprache das einzige Unterhaltungsmedium war. In Wahrheit allerdings, also quotentechnisch, findet diese Sendung nicht statt: Die Zuschauerquote bewegt sich im kaum messbaren Bereich. Das mag eine wohlige Zugabe für die elitäre Zuschauerschaft sein. Doch so geborgen diese Szenerie wirkt, sie ist ebenso künstlich wie das Kaminfeuer auf dem zentral positionierten Plasma-Bildschirm. Auf Nachfrage gibt die Redaktion bekannt:

Sehr geehrte Herren,

vielen Dank für Ihr Interesse an unserer Sendung. Das nachtstudio wird zu 99 % voraufgezeichnet. Sollte es tatsächlich mal live sein, werden Sie das mit Sicherheit an der Moderation hören.

Mit freundlichen Grüßen

Was kommunikationsstrategisch bedient wird, ist – mittenmang – die Vorstellung des *zoon politicon*, des sich einmischenden und mitentscheidenden Bürgers. Das nachtstudio spielt mit den Elementen des Intellektualismus und des Expertentums, um dem Einmaligen das Gefühl zu vermitteln, in weiter Ferne so nah zu sein. Damit trifft und nährt es einen universellen Wunsch intellektueller Eliten, gerade weil professorale Experten nie etwas zu sagen hatten und haben werden. Die Redaktion weist darauf hin, dass es keinerlei Dokumente zur Sendung gibt ... das Gesagte verrauscht in der Unendlichkeit des bereits früher Gesendeten.

Ernst Jünger schrieb 1932 über den Menschen in der Masse: »Es ist eine Erfahrung, die den Wanderer inmitten dieser unerhörten, noch am Anfange ihrer Entwicklung begriffenen Landschaft immer wieder mit Erstaunen erfüllt: dass er sie tagelang durchqueren kann, ohne dass eine besondere Person, ein besonderes menschliches Gesicht in seiner Erinnerung haften geblieben ist.« Aber zumindest ist alles in der ZDF-Mediathek abgelegt.

Alles nur ein gut dosierter Traum von der aufgeklärten Bürgergesellschaft – im Wachkoma um 1.23 Uhr. Das Testbild hat wenigstens gar nicht erst versucht, Relevanz vorzutäuschen.

FAZIT: EINMALIG GESCHWITZT

95 Grad und Luftfeuchtigkeit wie in Bangkok, leider keine bunten Tempel, stattdessen gemusterte Badelaken unter rosigen Hintern. Eine kräftig gebaute Frau steht vor einem Ofen und schwingt gebieterisch ein Handtuch durch die Lüfte. Nur knapp verfehlt der frottierte Totschläger die Köpfe der vor ihr aufgereihten Nackten: Es ist Aufgusszeit in der Holsten Therme Bad Schwartau.

Anders als in skandinavischen Ländern schweigen im deutschsprachigen Raum die Gäste in der öffentlichen Sauna oder beschränken sich auf Flüstern. Zwei Frauen zwischen vierzig und fünfzig – so weit man das im Dunst erkennen kann – brechen das Ruhegelübde, indem sie sich lautstark ihre Meriten als Marathonläuferinnen vorrechnen. Freundschaftlich, nicht kompetitiv verbreiten sie ihre Erlebnisse während unterschiedlicher weltweiter Marathonläufe. Nach Berichten über gazellenartige Äthiopier und motivierende Schilder (Bei Kilometer 21: »Umkehren wäre jetzt auch blöd!«) kommt eine der beiden zum absoluten Höhepunkt ihrer bisherigen Läuferkarriere. Als zum Ende des Stockholm-Marathons die unzähligen Läufer ins Olympiastadion wanken, erblickt sie auf der riesigen Leinwand des Stadions – sich selbst! Was für ein großer Moment: »Da läuft dir ein eiskalter Schauer über den Rücken, da bist du einfach wie betäubt, dieses Glücksgefühl ist so überwältigend, absoluter Wahnsinn, es ist einfach nur einmalig ...«

Ob es auf ihrem Gesicht jetzt noch Schweiß oder schon Tränen der Rührung sind, lässt sich nicht abschätzen. Der Suppendosenmaler Andy Warhol prognostizierte zwar, dass in der Zukunft jeder Mensch für 15 Minuten Weltruhm erlangen würde, aber sechs Sekunden sind ein guter Anfang – und so alt war die Dame ja nun auch nicht.

Das sekundenkurze Close-up und seine weitreichenden Folgen machen das Dilemma der Einmaligen deutlich. Wir rennen, leiden und kämpfen über weite Strecken, wenn es gut läuft, sind wir ab und an euphorisch und stehen dann und wann auf einem Podest. Im Optimalfall erreichen wir erfolgreich einige unserer selbst gesteckten Ziele und unsere sorgsam aufgeschüttete Sandburg ist am nächsten Morgen noch nicht von der Flut zerstört.

Falls wir allerdings statt an Selbstbetrug an Erdhaftung interessiert sind, müssen wir uns klarmachen, dass unser Moment im Goldrahmen eben nur ein goldener Moment ist. Das macht den Moment nicht weniger schön, nur im positiven Sinne realistischer. In unser aller Leben gibt es eigentlich nichts mehr, was die Welt permanent aus den Angeln hebt, etwas, das unauslöschbare Spuren hinterlässt: Das Auto wurde bereits erfunden und Goethe ist tot. Unser Leben ist kein langer, ruhiger Fluss, in welchem wir ein Tröpfchen bilden, es ist vielmehr ein sozialer Golfstrom, in dem wir kurz mal mittreiben dürfen. Dementsprechend groß ist unser Einfluss. Eigentlich können wir gleich Laub harken, alle paar Jahre ein neues Auto finanzieren, zwischendrin geht es getrost nach Mallorca oder in den Bayerischen Wald.

Die Relevanz der Dinge steht und fällt einzig mit uns. Wir bilden uns ein, dass dieses oder jenes wichtig sei. In Wahrheit würde die Welt eben auch ohne dieses oder jenes funktionieren. Diesen Gedanken aus dem Alltag der modernen Europäer und Nordamerikaner verdrängt zu haben ist die eigentliche Leistung einer verdummenden Moderne.

Zu erklären ist das allenfalls mit dem Wunsch des Menschen, dass die eigene Existenz Sinn habe. Was früher allgegenwärtige

Gottheiten mit Angst, Strenge und Zwang an drakonischem Gehorsam und Opfern von Menschen einforderten und im belohnenden Umkehrschluss als »ewiges Heil« bereithielten, existiert nicht mehr. Unser unendliches Universalstreben nach Bildung, Anerkennung und Verwirklichung hat sämtliche Götzen erfolgreich gestürzt. Das mag uns gedanklich befreit haben, es hat aber ebenso negative Folgen: Wir halten uns jetzt selbst für unsterbliche Kreaturen und unbesiegbare Weltenschöpfer. Durch den Wegfall übergeordneter Instanzen ist das ordnende Dach über unseren Köpfen entfallen, das moralische Über-Ich verschwunden.

Wenn im 21. Jahrhundert alle über den Zerfall der Normen und Werte lamentieren, dann meinen sie die Orientierungslosigkeit vieler Menschen. Die Welt existiert für viele von ihnen nur noch in Jetztzeit, deshalb scheint es umso wichtiger, sich selbst in eine Spitzenposition zu bringen, das Leben zu genießen um dann irgendwann sagen oder singen zu können: »I did it my way.« Je schwächer und wackeliger der gesellschaftliche Rahmen um uns herum ist, je weniger wir an einen festen Ort gestellt sind, umso höher ausgeprägt ist unser Wunsch, etwas ganz Besonderes zu sein.

Wenn also alles Übergeordnete wegfällt, wir alle einmalig sind und sein müssen, dann entsteht zwangsläufig ein Strukturproblem: Jede individuelle Anerkennung benötigt jemanden, der anerkennt und uns unserer besonderen Leistungen versichert. Ein glaubhaftes Zeugnis, eine authentische Aussage. Wenn aber jeder von uns heute ein Star ist und innerhalb seiner sozialen Kaste die eigene Talkshow »fährt«, wird es sehr schnell verdammt eng und dunkel am Himmel. Bei einer Weltbevölkerung von sieben Milliarden Menschen, die ständig weiter anwächst, bleiben kaum 15 Minuten von Ruhm und Einmaligkeit für jeden von uns übrig. Die restliche Zeit sitzen wir wie Gorillas im Nebel.

Japaner sind von dem ganzen Individualkult in Europa und

Amerika höchst irritiert. Der japanische Psychoanalytiker Takeo Doi äußert den Verdacht, dass der westliche Drang nach Selbstständigkeit und Selbstdarstellung seine Motivation aus tiefen Komplexen zieht. Quelle des Selbstwertgefühls sollten nicht ein Porsche, vier Untergebene, acht Marathonteilnahmen sowie sechzehn Suchmaschineneinträge sein, sondern die Erfahrung, dass man mit all seinen positiven wie negativen Wesenszügen bedingungslos und nachsichtig angenommen wird. Erst in einem solchen sozialen Schutzraum, in einem Gefühl der Geborgenheit, kann sich individuelle Freiheit entspannt entfalten. Eigentlich behauptet kein gesunder Psychoanalytiker etwas Gegenteiliges; gesundes Selbstwertgefühl erfordert Sicherheit über das eigene Wesen und im Optimalfall eine nicht allein an Leistung gekoppelte Anerkennung. Doch gerade wenn uns diese Anerkennung, diese Zuneigung zu unserer einmaligen Person so immens wichtig ist, dann sollten wir uns doch einmal ernsthaft fragen: Woher beziehen wir eigentlich diese lebensnotwendige Unterstützung?

Wohl doch einzig und allein aus »unserer« Gemeinschaft, aus unseren sozialen Verbindungen und Beziehungen. Soziologisch gesprochen ist exakt dies das Dilemma der Einmaligen. Der Ökonom und Nestor der deutschen Soziologie, Ferdinand Tönnies, bringt es 1925 auf den Punkt: »Bis zur Ermüdung finden wir, auch von bekannten Soziologen, die alte These wiederholt, dass der Mensch von Natur aus ein *soziales Wesen* sei. Und doch ist sie nur ebenso richtig, wie die entgegengesetzte These, dass er von Natur egoistisch, also unsozial sei [...].«

Der Mensch ist ein soziales wie egoistisches Wesen. Dies ist kein Widerspruch, es sind zwei Seiten derselben Medaille: Wir können uns abfeiern, weil unser Gesicht einen Moment auf der überlebensgroßen Leinwand erscheint, aber ohne die Tausenden Mitläufer wäre das auch nichts wert. Wenn wir keine Menschen um uns herum haben, die uns zu unserem beruflichen wie privaten Glück gratulieren und engagiert daran teilhaben, dann stehen wir dumm da. Was wäre der Popstar ohne kreischendes Publikum, der Abteilungsleiter ohne seine ihn unterstützende Abteilung, die Hochzeit ohne gerührte Freunde? Ohne an dieser Stelle darüber zu diskutieren, wie echt die Gefühle jeweils sind, wird klar: Noch den größten Egoshooter verlangt es nach irgendeiner Form von Sozialität – erst wenn Hopfen und Malz vollkommen abhanden gekommen sind, füllen 576 XING-Freunde das innere Vakuum aus.

Die Ambivalenz von Nähe und Abgrenzung ist der Zielkonflikt von uns Einmaligen. Einerseits frei in der Gestaltung unseres ambitionierten Lebenslaufes, andererseits von genau dieser Freiheit gefangen, überfordert und manchmal sehr einsam, weil wir keine echte Gemeinschaft mehr finden: Je mehr Freiheit wir erhalten, umso weniger Verbindlichkeiten und echten Zusammenhalt gibt es; auf dieses Erbe der Aufklärung waren wir nicht gefasst. Der fundamentalphilosophische Pop-Rock Song »Allein Allein« hielt sich nicht ohne Grund für fünf Wochen auf Platz 1 der deutschen Charts (der Refrain übrigens gesungen von einem Chor Hunderter Einsamer) und wurde von über 10 Millionen Menschen im Internet angeklickt.

Die Sozialpsychologie weiß, dass der Mensch umso glücklicher ist, je mehr er von sich selbst abgelenkt ist. Um diesen himmlischen Zustand zu sichern, erschaffen wir immer und immer wieder neue Gemeinschaften: Ballettabonnements, AMG-Clubs, Jochen-Distelmeyer-Fanseiten, Chick-Lit-Foren, Kuscheltiere für jedes Alter, spannende iPhone-Apps und manchmal sogar ganze Nationen ... Und das ist auch gut so! Aus der Unzahl bestehender Massen konstruieren wir unsere persönliche und damit zutiefst individuelle Gesamtkomposition. Der Mensch hat das Talent, Gruppen zu bilden und ihnen angehören zu wollen. Diese Fähigkeit ist die Grundlage für alles, was wir als zutiefst menschlich betrachten: Kultur im Großen und Mitfühlen im Kleinen. Ein berühmtes Zitat von Johann Gottfried Seume bringt den Gedanken auf den Punkt: »Wo man singt, da lass dich ruhig nieder – böse Menschen haben keine Lieder.«

Menschen, die Gemeinschaft bilden, gemeinsam an einer Vision arbeiten, singen vielleicht nicht immer, sind aber dafür immer vereint in einer Idee. Sie bilden Sozialität. Dabei ist sozial nicht etwas, was ethisch besonders gut ist, sondern ein Zustand, in dem sich Menschen förderlich unterstützen und helfen. Der Zweck ihrer Zusammenarbeit ist dabei unerheblich: Sozial ist auch die Gruppe Atombombenbauer, weil sie sich zusammenfindet, um gemeinsam ein »gutes« Ergebnis zu erzielen.

Es liegt an uns, Sozialität so zu gestalten, dass es nicht ganz so schlimm endet wie beim Atombombenbau oder so verstrahlt wie in vielen aktuellen Talk- oder genauer Verkaufsshows. Brechen Sie aus! Weigern Sie sich, menschliche Matrize zu sein! Bevor wir uns das nächste Mal an fotogene Stellen von Alster, Isar, Donau oder Rhein postieren und beim idyllischen »Sundowner« mit Freunden die einmalige Erklärung absondern: »Hamburg/München/Wien etc. ist eine wunderschöne Stadt. Das Wasser und das viele Grün inmitten der City, es ist einmalig ...«, einfach mal das Tonband wechseln: »Hamburg/München/Wien ist so furchtbar hässlich und diese einmalig dummen Menschen dazu, ich möchte mich jeden Tag im fensterlosen Zimmer einschließen ...« Das darauf folgende Gespräch wird auf jeden Fall spannender, lustiger oder abwechslungsreicher – und vielleicht gibt es mal Diskussion statt Konsens.

Wenn unser gesamter Alltag nur noch ein Marketingabziehbild ist, selbst unsere Liebeserklärungen gestanzte Standards aus Film und Fernsehen sind – stoppen wir es! Finden wir neue Formulierungen. Subjekt – Prädikat – Objekt muss nicht sein. Dem Satz »Ich liebe dich« ein »nicht« hinzugefügt – schon bekommt die Sache neuen Drive und es gibt garantiert authentische Emotionen.

In einem Land, wo die dreckige Autowerkstatt unter dem

sauberen Schild »Dialogannahme« läuft, sollte es leichtfallen, anzuecken und als ausgebrochenes, wildes Individuum wahrgenommen zu werden. Selbst außerhalb von Reihenhäusern, Reisebuchungen und Recyclinghöfen wird viel über Individualisierungsoptionen gesprochen. Nutzen wir sie richtig – mixen und springen wir fröhlich von einer Masse zur anderen: Eben noch Uni-Dozent, nach der Vorlesung mit dem 2CV in den Poloclub getuckert, am Abend zugekiffter Sänger in einer Sex-Pistols-Coverband mit lockerem Stage Diving. Danach mit fetter Cohiba im Mundwinkel Kabbala praktizieren ... Es muss nicht immer derart plakativ oder extrem sein: Auch mit gelegentlichem Jogging und einer umfangreichen Schlumpfsammlung kann man sich wohl fühlen. Ob wir Bodybuilding betreiben oder uns für Alte Musik begeistern, Rosen züchten oder Löwenzahn, wir sind Surfer zwischen den Masse-Welten. Auf die relaxte Haltung kommt es an.

Wir werden sehen, wie entkrampfend das Masse-Hopping ist – und wie es spielend zu einer individuellen Identität führt. Dagegen ist es doch (wie wir an vielen Beispielen zuvor gesehen haben) total anstrengend und letztlich nicht zielführend, sich mit Einmaligkeitsbemühungen scheinbar gegen die Masse zu stellen.

Auch unser zweiter Tipp ist eine echte Entspannungsoption: Akzeptieren wir die Tatsache, dass auch wir die Welt nicht neu erfinden werden. Das zeugt von einmaliger Weitsicht, Weisheit und viel Humor!

Es hat viele Einmalige vor uns gegeben und es wird höchstwahrscheinlich auch noch einige nach uns geben. Die meisten unserer individuellen Gedanken und Visionen sind in dieser oder einer anderen Form schon gedacht und zumeist auch geschrieben worden, eventuell sogar bereits verfilmt. Dieses Wissen kann traurig machen; mit diesem Wissen können wir aber auch völlig entspannt den Aufgeregtheiten der Welt begegnen.

Wenn der Druck wegfällt, einmalig zu sein, ist das Leben eine perfekte Welle, auf der wir geschmeidig reiten können. Es ist für den Fortbestand des Menschengeschlechts immens wichtig, dass auf dieser Erde einige Dinge weiterlaufen, dass wir Lust verspüren, einen Baum zu pflanzen, zu heiraten, Kinder zu kriegen und uns jedes Jahr wieder auf den Frühling, Sommer, Herbst und Winter zu freuen. Es dreht sich auf dieser Erde nun mal alles im Kreis. Heiterkeit ist da deutlich gesünder als zynische Desillusionierung oder, wie der Philosoph Émile-Auguste Chartier, besser bekannt unter seinem Pseudonym Alain, beobachtete:»Im Lächeln entspannt sich alles, ohne irgendwelche Unruhe und Abwehr. Im Lächeln ist etwas von Kindheit; es ist Vergessen und Neubeginn.« Nur so funktioniert es, wahrscheinlich schrieb Alain deswegen auch gleich ein Buch mit dem Titel »Die Pflicht, glücklich zu sein«.

Das innere Glück und die Nonchalance, die aus diesem Vor-Wissen im Alltag erwächst, könnte uns dann wiederum zu etwas verhelfen, was wir partout vermeiden wollten: Wir sind einfach einmalig!

LITERATUR

Endlich wie alle sein

Zum Thema »Uhren als Kapitalanlage« siehe z. B.: Brückner, Michael: Uhren als Kapitalanlage. Status, Luxus, lukrative Investition. FinanzBuch Verlag, München 2007.

De Tocqueville, Alexis: Über die Demokratie in Amerika.

Fromm, Erich: Märchen, Mythen, Träume. Rowohlt, Reinbek 1999, S. 32.

Finkielkraut, Alain: Die Niederlage des Denkens. Rowohlt, Reinbek 1990, S. 21 f.

Ortega y Gasset, José: Der Aufstand der Massen. Rowohlt, Hamburg 1956, S. 53.

Reise zum Mittelpunkt der Erde: Ich

Zum Thema »Abgeschlossenheit vor der Außenwelt« vgl.: Zschiesche, Arnd: Ein Positives Vorurteil Deutschland gegenüber. LIT Verlag, Berlin/Zürich 2007.

Maturana, Humberto R.: Kognition, in: Schmidt, Siegfried J. (Hrsg.): Der Diskurs des Radikalen Konstruktivismus, Suhrkamp, Frankfurt am Main 1987, S. 117.

Zum Thema »Hochzeit im 21. Jahrhundert« vgl.: Die Hochzeit, in: Errichiello, Oliver/Zschiesche, Arnd: Die Angestellten im 21. Jahrhundert. Moderne Heimat, Hamburg 2005.

Luhmann, Niklas: Short Cuts. Zweitausendeins, Frankfurt am Main 2000, S. 140 (135–149).

Bourdieu, Pierre: Ökonomisches Kapital, kulturelles Kapital, soziales Kapital, in: Kreckel, Reinhard (Hrsg.): Soziale Ungleichheiten (Soziale Welt, Sonderband 2). Schwartz, Göttingen 1983, S. 190–191.

Weil wir nie im Krieg waren: Beruf ist Kampf

François, Etienne/Schulze, Hagen: Deutsche Erinnerungsorte. Beck, München 2005. S. 7.

Foucault, Michel: Überwachen und Strafen, Suhrkamp, Frankfurt 1977, S. 183 und S. 259 ff.

Tarde, Gabriel, in: Brandmeyer, Klaus/Deichsel, Alexander/Prill, Christian: Jahrbuch Markentechnik 2002/2003. Frankfurt am Main 2001, S. 395 f.

Benjamin Henrichs, aus: DIE ZEIT vom 9.1.1987.

Zu »German cleanliness« vgl.: Zschiesche, Arnd: Ein Positives Vorurteil Deutschland gegenüber. Mercedes-Benz als Gestaltsystem. LIT Verlag, Zürich 2007.

Weisheit und Charisma aus der Retorte: Der kategorische Konjunktiv

Sloterdijk, Peter: Im Weltinnenraum des Kapitals. Suhrkamp, Frankfurt am Main 2005, S. 345.

Diekmeyer, Ulrich: Das Elternbuch 2. Rowohlt, Reinbek 2008.

Zitat »Kinder an die Macht?« aus: Winterhoff, Michael: Warum unsere Kinder zu Tyrannen werden. Gütersloher Verlagshaus, Gütersloh 2008.

Bourdieu, Pierre: Die feinen Unterschiede. Suhrkamp, Frankfurt am Main 1987, S. 339 und S. 752.

Deichsel, Alexander: Jahrbuch Markentechnik 2002/2003. Frankfurt am Main 2001, S. 185.

Kagan, Moissej: Mensch, Kultur, Kunst. Fechner, Hamburg 1994, S. 90.

Jünger, Ernst: Der Arbeiter. Hanseatische Verlagsanstalt, Hamburg 1932, S. 107.

Fazit: Einmalig geschwitzt

Tönnies, Ferdinand: Das Wesen der Soziologie, in: Soziologische Studien und Kritiken, Band 1. Jena 1925, S. 353 (350–368).

PERSONENREGISTER